Karl Vaters

El Mito del Saltamontes

Pensamientos que dividen a iglesias grandes y pequeñas

El mito del saltamontes
Pensamientos que dividen a iglesias grandes y pequeñas

Publicado por New Small Church
NewSmallChurch.com

Concepto de diseño de portada por Karl Vaters
Diseño gráfico por TaylorPfeifer.com
Saltamontes/fotografía de cubierta Katydid por Vitali Dyatchenko.
Licencia por iStock.com
Fotografía de contracubierta del autor por George Sam Beaver

Traducción: Kerstin Anderas-Lundquist

para Shelley:

Por amar a Jesucristo

Por hablar la verdad

Por inspirarme

El mito del saltamontes

Definición: la falsa impresión de que nuestro ministerio de iglesia pequeña es menor de lo que Dios dice, porque nos comparamos con los demás.

Origen: los hebreos en la frontera de la Tierra Prometida.

"¡Todos los habitantes que vimos son enormes! ... ¡Al lado de ellos nos sentíamos como saltamontes y así nos miraban ellos!"
– Números 13:32,33 NTV

Síntomas: falta de visión, fe, ánimo, efectividad y libertad.

Pronóstico: una vida de vagancia, de quejas y de culpar. Sí, es contagioso.

Tratamiento: hay una iglesia pequeña en la ciudad, un lugar de esperanza y sanidad.

Hemos descubierto los beneficios de pensar en pequeño. Y no tiene nada que ver con pensamiento limitado.

Nos hemos dado cuenta de que nuestro tamaño pequeño no es un problema que debemos solucionar, sino una ventaja estratégica que Dios quiere usar.

Nos dirigimos con visión, fe y ánimo a los lugares adonde Dios quiere que vayamos; lugares que los gigantes no pueden pisar.

Índice

Cómo quisiera que otra persona hubiera escrito este libro.

Hace treinta años.

Haberlo leído entonces me habría ahorrado mucha angustia.

Busqué un libro como éste por muchos años.

Entonces comprendí que si quería leerlo, tendría que escribirlo.

Mi oración es que haga por usted lo que no pudo hacer por mí.

Porque no había este libro cuando más lo necesitaba.

–Karl Vaters

Capítulo 1

¡Hola, me llamo Karl, y soy pastor de una iglesia pequeña!

Si el título de este capítulo le parece como una introducción a Alcohólicos Anónimos, así es.

Soy pastor de una iglesia pequeña.

Y no soy alguien que ha fracasado.

Me llevó casi treinta años en el ministerio pastoral escribir esas dos últimas frases. Ahora que las he escrito, sé que por fin estoy entrando en una vida de recuperación del mito del saltamontes.

Soy pastor de una iglesia pequeña

He sido pastor de tres iglesias en los últimos veinticinco años. Más de veinte años en la congregación actual. Esas iglesias eran muy diferentes en casi todos los sentidos, excepto en uno.

Todas eran iglesias pequeñas.

Sin embargo, a pesar de dos décadas y media en el ministerio de una iglesia pequeña, hasta hace poco no creía que fuera pastor de una iglesia pequeña. Me había convencido de que era pastor de una iglesia grande atrapado en el edificio de una iglesia pequeña.

Allí es donde comienza el mito del saltamontes. Al menos es allí donde comenzó para mí.

Creía tanto en el mito que pronto llegué a odiar el pequeño edificio de la iglesia por lo que me estaba haciendo; porque estaba sofocando mi ministerio.

Pronto comencé a odiarme por no ser capaz de desarrollar una iglesia grande.

Después comencé a odiar el ministerio.

Con el tiempo, sentí que comenzaba a odiar a Dios por haberme llamado, sólo para decepcionarme.

No tengo a nadie más a quien culpar por esos sentimientos; pero no salieron de la nada. A Eleanor Roosevelt se le acredita este dicho: "Nadie puede hacerte sentir inferior sin tu consentimiento."[1] Durante los últimos treinta años, di ese consentimiento a personas que ni siquiera me conocen y que no tenían idea de que estaba usando de forma indebida sus intentos de ayudarme.

Si usted es pastor, sin duda este no es el primer libro sobre el pastorado que ha leído. Probablemente ha leído muchos de los mismos libros que yo he leído y quizá hemos asistido a algunas de las mismas conferencias. Sin duda se da cuenta del tema al que me refiero. Un pastor va a una iglesia ya abierta o inicia una nueva, y dentro de poco tiempo la iglesia crece, sus ministerios se expanden, y el pastor se hace un nombre.

Otros pastores comienzan a preguntarse cómo lo hizo, y a los pastores entusiastas se los invita a escuchar cómo se hizo. Se invita a otros pastores exitosos para que también enseñen en la conferencia, y los pastores que luchan en sus pequeños lugares están allí con suma esperanza, mientras pastores exitosos comparten sus testimonios y estrategias.

He sido uno de esos pastores que luchan con su iglesia pequeña. Todavía, de muchas formas, soy de los que luchan. Y he recibido algunas ideas muy útiles de esas conferencias y esos libros.

Hace años, cuando comencé a asistir a las conferencias, los líderes de mi iglesia siempre sabían que había asistido a una conferencia porque llegaba todo inspirado por la última idea, convencido de que esa era la clave para que nuestra iglesia pasara al siguiente nivel.

A veces tomaba los principios que había aprendido y se los enseñaba al personal y los voluntarios de la iglesia. Si un libro era particularmente bueno, les obligaba a que lo leyeran, y luego nos reuníamos para discutirlo. Algunos de los líderes captaban la misma visión que yo había captado, pero otros se quedaban atrás.

En la conferencia nos habían hablado de los que se quedan atrás, así que estaba preparado. Eran las personas problemáticas, los asesinos de la visión, los hermanos que no querían hacer algo nuevo porque nunca lo habíamos hecho. No iba a dejar que me deprimieran cuando audazmente me lanzaba a la nueva y fresca forma de dirigir la iglesia.

Pero, resulta que nunca podía duplicar el éxito del pastor que dirigió el seminario o que escribió el libro. Después de unos meses de emoción, energía y gastos, una o dos ideas se abrían paso en la cultura de nuestra iglesia, pero la mayoría se desvanecían por falta de interés. El libro con todas las respuestas pasaba de mi escritorio a mi estantería y al armario, y culpaba en silencio a los que se quedaban atrás por matar la visión de Dios.

Con el paso de los años, me resultó más rentable leer más libros e ir a menos seminarios; pero incluso la lectura de libros menguó a medida que el patrón se repetía. Las conferencias y los libros me dejaban más desanimado y frustrado que entusiasmado y motivado. Así que abandoné mis esfuerzos.

Durante varios años dejé de ir a seminarios y de leer libros sobre el ministerio. En cambio, fui al cine y leí novelas. Fue un buen descanso de la presión del ministerio, porque cuando Will Smith salvaba al mundo, no esperaba que yo fuera a casa e hiciera lo mismo.

¿Cuál es mi problema? me preguntaba. Soy una persona inteligente. Sé que he sido llamado al ministerio pastoral y que mi llamado es a pastorear esta iglesia.

¿Por qué no puedo hacer de esta iglesia lo que se supone que deba ser?

¿Por qué no *crece*?

No era culpa de los seminarios, de los libros o de los pastores. Sus éxitos me hicieron sentir inferior porque les di mi consentimiento al compararme con ellos. Cuanto más los admiraba e intentaba duplicar su éxito, tanto más me sentía como los diez espías hebreos infieles. Los pastores de las iglesias grandes parecían gigantes, los gigantes me parecían enemigos, y yo parecía un saltamontes *en mis propios ojos*.[2]

Los pastores de las mega-iglesias que escribían los libros y que dictaban los seminarios nunca tuvieron la intención de hacerme eso. Ellos trataban de usar sus éxitos como una herramienta para ayudarme. Fui yo quien lo convirtió en un arma contra mí mismo. Todo fue por mi incapacidad de reconocer una característica esencial de identidad en el ministerio.

Soy pastor de una iglesia pequeña.

La primera vez que admití esa verdad fue uno de los momentos más liberadores de mi vida. Tan pronto como lo reconocí, lo acepté. Cuanto más lo aceptaba, tanto mejor me sentía. Por fin supe quién era y cómo Dios quería que yo le sirviera. Me sentí libre de la carga de tratar de convertirme en alguien que nunca fui destinado a ser.

Y no soy un fracaso

Si mi iglesia es pequeña, ¿cómo puedo decir que soy exitoso y que la iglesia o a el ministerio es un éxito?

¿Cómo puedo decir que la iglesia es saludable?

¿No crecen todas las cosas saludables?

Sí, crecen. El problema es que muchos de nosotros hemos definido el éxito y la salud de la iglesia por números. Y no sólo por cualquier número. Por dos números específicos. Gente en los asientos y dinero en las ofrendas.

Cuanto más grande el número, mejor.

Esta obsesión con el crecimiento numérico no es saludable.

A los que escriben los libros y celebran los seminarios les gusta promover los éxitos que resultan de su orientación, lo cual es comprensible. Pero los pastores, como en mi caso, ven algo que ellos no ven: las bajas al otro lado del libro o de la conferencia.

Este impulso hacia un número mayor y hacia iglesias más grandes probablemente ha resultado en un mayor desgaste pastoral que en iglesias sanas y en crecimiento. Sin mencionar las decenas de miles de hermanos confundidos y dañados, cuyas opiniones y necesidades fueron menospreciadas y rechazadas por cosas nuevas y más grandes. Muchos de ellos dejaron su iglesia, y nunca volvieron al pastorado.

En el capítulo *¿Qué de malo tiene el crecimiento de la iglesia?* desafiaré la premisa de que el crecimiento bíblico y la salud se pueden medir con precisión al contar el número de personas. Pero, por ahora, permítame hacer una pregunta que muchos pastores nunca hacen. Lo sé porque pasé muchos años sin considerarla.

¿Qué es el crecimiento bíblico de la iglesia?

Olvídese de los números.

¿Qué es lo que Jesús mide?

Me temo que la mayoría de los pastores son como el niño en la siguiente historia verídica. Estaba en el vestíbulo de la iglesia después de un servicio dominical cuando un amigo se me acercó con una sonrisa, diciendo: "No vas a creer lo que Lauren me dijo ayer. No ve la hora de que llegue su cumpleaños porque quiere ser más grande. Está en la edad en que cree que cuantos más años tienes, más grande te vuelves, y no le entra en la cabeza que su abuela es mayor que yo, ya que es mucho más bajita."

Sonreí, recordando cuando mis propios hijos eran pequeños e ingenuos.

La madre continuó: "Estábamos charlando sobre esto cuando, de repente, Lauren exclamó: "¡Mamá! ¡El pastor Karl debe ser la persona más vieja del mundo!""

Me reí de buena gana. Con mis más de dos metros de altura, debo ser la persona más alta que Lauren, de seis años, jamás ha visto.

Sí, todas las cosas saludables crecen. Pero el crecimiento nunca es tan simple como que *más viejo es más alto* o *más saludable es igual a más grande*. Una arveja nunca será del tamaño de una calabaza y una rosa nunca alcanzará la altura de una secoya, no importa cuánto se la riegue o se la fertilice, o se le enseñe los principios de crecimiento de la secoya. Simplemente no está en su naturaleza. Todos los seres vivos sanos alcanzan su tamaño óptimo en la madurez, y luego crecen de diferentes maneras a partir de ese momento.

¿Y si ese principio se aplicara a las iglesias? He llegado a creer que se aplica. Si la iglesia es un cuerpo con muchos miembros,[3] ¿no es posible, incluso probable, que el cuerpo de Cristo necesite iglesias de todos los tamaños?

No soy un fracaso si mi iglesia alcanza su etapa óptima de madurez, luego comienza a crecer en formas diferentes a asientos llenos en los servicios de fin de semana. De hecho, es esencial que una iglesia crezca de otras formas que su tamaño, si va a dar el siguiente paso crítico en el verdadero crecimiento, el de ser saludable a ser *salutífero*.

Hay una diferencia entre saludable y salutífero. Y esa diferencia importa.

Pasamos años de luchas después de que llegué a la iglesia que ahora pastoreo. Habían tenido varios pastores que se quedaron poco tiempo antes de que yo llegara, y eso había afectado a la congregación. Pero llegamos al momento en que la iglesia finalmente estaba saludable por primera vez en una década o más.

Entonces, un día, estaba sentado al volante de mi auto en el estacionamiento de la iglesia y me pregunté: "¿Ahora qué?" Había pasado casi cuatro años ayudando a esta iglesia pequeña a superar tiempos malos, y ahora estaba saludable.

¿Qué se hace con una iglesia saludable?

Sentado allí en mi auto me di cuenta de que los directivos y yo simplemente habíamos pasado años bajo el capote de nuestra iglesia, resolviendo los problemas mecánicos, y ahora yo estaba sentado en el asiento del conductor de una iglesia saludable, ¡y *no* tenía *idea de* adónde llevarla!

¿La respuesta? Las cosas saludables necesitan convertirse en cosas *salutíferas*.

Con los debidos nutrientes las plantas sanas se hacen fuertes; pero si no dan valor a nadie fuera de sí mismas no son salutíferas. Una planta salutífera no sólo es saludable, sino que también proporciona fruto valioso a otros. Por ejemplo, hay hongos saludables que son salutíferos para los humanos y hongos saludables que son venenosos; por tanto, no son en absoluto saludables para nosotros.

El cuerpo de Cristo necesita ser más consciente de cómo es el crecimiento salutífero. La verdad es que una iglesia no se puede llamar saludable hasta que también sea salutífera. Y en las iglesias pequeñas esa conciencia tiene que comenzar con que los pastores aceptemos el llamado de Dios tal cual es y aceptemos también aquello que nos ha llamado a hacer.

Sentado en el auto ese día, eso es lo que comprendí. El siguiente paso era llevar a nuestra iglesia saludable a que sea salutífera para que otros puedan nutrirse de ella. No porque necesitáramos más cantidad de gente, sino porque nuestra comunidad necesitaba una mayor esperanza.

El tamaño óptimo de una iglesia es un tema que analizaremos más de cerca en el capítulo *Dios no pasa lista de asistencia.*

Recuperación del mito del saltamontes

Las iglesias pequeñas, ¿no son más que lugares que no alcanzaron a ser iglesias grandes?

¿Estamos destinados a pasar nuestra vida de ministerio en las sombras masivas proyectadas por las iglesias grandes que dominan el paisaje?

¿O somos algo más?

Ciertamente, hay muchas iglesias con problemas, de todos los estilos y tamaños; pero únicamente el tamaño no es suficiente evidencia para determinar el fracaso o el éxito.

Propongo que lo siguiente es cierto en cuanto a iglesias pequeñas:

No estamos enfermas
No estamos fallando
No estamos estancadas
No somos incompetentes

No estamos limitadas en nuestra visión
No necesitamos ser reparadas
No somos *menos* que...

Somos la idea de Dios.

Somos pequeñas.

Porque somos pequeñas tenemos bendiciones para ofrecer al cuerpo de Cristo, a nuestras comunidades, a nuestras ciudades, a nuestras naciones, y a nuestro mundo, de una forma que nadie más puede ofrecer, así como nosotros podemos hacerlo.

Joel Osteen no pudiera hacer mi trabajo.

Eso no es un ataque en contra de él. Yo no podría pastorear la iglesia Lakewood. Y eso no es un ataque en contra de mí. Brian Houston y Craig Groeschel tampoco pudieran hacer mi trabajo. Simplemente no están capacitados de esa forma.

Si alguien como Brian Houston llegara a Fountain Valley, donde está la iglesia que yo pastoreo, por cierto tendría éxito en establecer una iglesia grande. En pocos meses, habría encontrado un edificio más grande para albergar a la creciente multitud y todos los nuevos ministerios. Sin duda, sería una buena iglesia, con increíble ministerio de alabanza y adoración. Pero ya no sería la misma iglesia. Para que resulte para él, tendría que convertirse en una iglesia muy diferente de lo que es ahora. Se ganarían algunas cosas con eso, pero también se perderían cosas realmente buenas.

Esto no quiere decir que los éxitos de estos pastores de mega-iglesias fueron fáciles. Sé que todos han pasado por duras batallas. Pero tuvieron éxito. Y la evidencia de su éxito es obvia. Sin embargo, lo que se perdería al convertir la iglesia que yo pastoreo en una mega-iglesia sería menos obvio, así como los éxitos de "mi iglesia" en este momento son menos obvios.

No somos la única iglesia. Hay muchas iglesias grandiosas que simplemente son pequeñas. Pero no podemos alcanzar nuestra plena efectividad hasta que aceptemos el lugar que Dios nos ha dado en el cuerpo de Cristo y dirijamos nuestros recursos de un modelo falso de crecimiento numérico a un modelo más bíblico.

Las personas que eligen asistir a iglesias pequeñas no lo hacen a pesar de su tamaño, sino simplemente por eso. Los pastores de iglesias pequeñas hemos aceptado nuestro lugar y lo celebramos. Hemos dejado de quejarnos por los problemas y desafíos que conlleva la pequeñez y hemos adoptado las fortalezas y las oportunidades. Al hacerlo, por fin hemos aceptado lo que la mayoría de los miembros de nuestra congregación siempre sabían: hay mucho que amar de una iglesia pequeña dinámica.

Las iglesias pequeñas han sido, y probablemente siempre serán, el modelo que la mayoría elige para recibir la mayor parte de su alimento espiritual. Tenemos que dejar de decirles que están recibiendo su alimento en el lugar equivocado.

Mi oración por usted, el lector

Lo que he escrito en las siguientes páginas proviene de esperanza. Después de años de frustración innecesaria en el ministerio pastoral, he descubierto la sanidad emocional y espiritual al aceptar cómo Dios me hizo. Si lo que he escrito puede ayudar a alguien a evitar o vencer frustraciones similares, he logrado mi propósito.

Así que, al leer esto, es mi oración...

...que otros pastores de una iglesia pequeña no tengan que sufrir la angustia (autoinfligida) que yo he pasado.

...que las iglesias pequeñas y sus pastores no sólo vean su *futuro* potencial (como cuando se convierten en una iglesia grande), sino que también se den cuenta del valor que Dios les dio *en el tamaño que tienen ahora.* Aun pudieran permanecer de ese tamaño porque esa puede ser la voluntad de Dios para ellas.

...que los pastores y las iglesias de tamaño medio, grande o mega unan manos y corazones con sus contrapartes de iglesias pequeñas para enseñarse unos a otros y aprender unos de otros.

...que podamos estimularnos y animarnos unos a otros, valorando las contribuciones únicas de cada iglesia para el reino de Dios, "... para que no haya desavenencia en el cuerpo, sino que los miembros todos se preocupen los unos por los otros" (1 Corintios 12:25 RVR1960).

...que las escuelas bíblicas, los seminarios, las conferencias pastorales, las editoriales y las denominaciones comiencen a usar la sabiduría y las experiencias de los pastores de iglesias pequeñas para ayudar a capacitar a la actual y la próxima generación de pastores –80% de ellos nunca pastorearán una iglesia de más de 200 miembros– para que aprecien, utilicen y desarrollen las distintas habilidades requeridas para diferentes tamaños de iglesia.

...que los que reúnen estadísticas puedan encontrar una manera de definir el crecimiento de iglesias como más que la cantidad de personas que asisten a los servicios de fin de semana, excluyendo casi todos los demás factores.

...que cuando los pastores se pregunten unos a otros: "¿cómo va tu iglesia", primero hablemos de las vidas transformadas y después de la cantidad de asistencia, si es que lo mencionemos. Que demos testimonios personales en lugar de la cantidad de ofrendas; que sintamos gran pasión por la gente en nuestras iglesias y comunidades más que por los planes para ampliar los edificios.

...que mis compañeros pastores de iglesias pequeñas ya no sientan la culpa, el estrés y los sentimientos de inferioridad que conlleva tratar de estar a la altura de un ideal antibíblico. Que encuentren renovada esperanza, ánimo y pasión por sus congregaciones, por los hermanos cuyos nombres y rostros conocen y cuyas vidas comparten.

... que el “mito del saltamontes” sea diagnosticado para que sea visto por lo que es: un mito, un engaño, un espejismo, un falso yo. Una mentira.

...que el cuerpo de Cristo se una para vencer esta mentira y que encuentre la forma de usar todos sus miembros, grandes y pequeños, para experimentar el gozo de la adoración y el poder sanador de la comunión, y para tener un mayor impacto bíblico en el mundo.

Estas son grandes metas para el primer libro de un pastor cuyo templo es tan pequeño que ni siquiera lo ve la mayoría de la gente que pasa por allí todos los días. No me hago ilusiones de que logre todo, o incluso la mayor parte de esto.

Pero espero iniciar una conversación.

Capítulo 2

Cómo el intento de edificar una iglesia grande casi me mata, y también a la iglesia que pastoreo

Mi testimonio es mi testimonio. He debatido incluirlo aquí porque es muy singular y personal.

Además, esta no es una autobiografía, por buenas razones. La historia de mi vida no es ni muy heroica ni muy horrible como para que a alguien se le apresure la adrenalina. No tengo nada de qué quejarme ni de qué alardear.

También soy consciente de que la historia más personal puede ser también la más universal. Así que, le invito a que aproveche cualquier cosa de mi vida que pueda ayudarle en el sendero de su vida.

El niño que creció en la iglesia

Soy un pastor de tercera generación, criado en un gran hogar por padres que amaron a Dios, sirvieron a la iglesia, y dieron prioridad a su familia.

El padre de mi padre pasó casi todo su ministerio como funcionario de la oficina nacional de nuestra denominación; sin embargo, nadie se refirió a él por ningún otro título, excepto el de pastor Vaters. Un pastor para otros pastores. Su esposa, mi abuela, era la predicadora de la familia, conocida por contar grandes anécdotas en el púlpito, con un giro al final que dejaba a los hermanos con el deseo de oír más.

Entregué mi vida a Cristo cuando tenía seis o siete años. Cuando los adultos tenían su culto de evangelización en el santuario de la iglesia *Stone* en Toronto, Canadá, mi padre se preocupaba de que los niños en el sótano consiguieran algo más que cuidado de niños. Las lecciones bíblicas cobraban vida con los trucos de magia que se nos contaba usando pañuelos de colores e ilusiones del conejo que saltaba del sombrero.

Cada noche el mago/evangelista cerraba la reunión preguntando si algún niño quería aceptar a Jesucristo en su corazón e inevitablemente muchos lo hicieron. Hacia la mitad de la semana, nos dijo que no éramos creyentes porque lo eran nuestros padres. Era una decisión que teníamos que tomar por nosotros mismos. O no lo había dicho antes o yo no lo había escuchado. Lo escuché entonces.

Tomé mi decisión esa noche. Y nunca me he arrepentido. Sí, he tenido momentos ocasionales de duda e incertidumbre. Incluso he hecho muchas preguntas difíciles, más en mi edad adulta que en mi niñez o juventud; pero puedo decir que desde ese momento he vivido como seguidor de Cristo.

Cuando yo tenía 16 años, mi padre hizo un viaje a California. A su regreso, él y mi madre nos llamaron a mí y a mis hermanas menores a la sala de estar para decirnos que mi padre se sentía llamado por Dios para mudarse a Modesto y allí pastorear una iglesia pequeña, mucho más pequeña de la que estaba pastoreando. También nos dijo que era una decisión familiar. Mis hermanas y yo teníamos 16, 14 y 12 años y mi padre sabía que mudarnos casi 3.000 millas [4.800 km] a otro país no resultaría si todos no estábamos de acuerdo.

Miramos por la ventana. Era invierno y nos preguntaban si queríamos mudarnos de Canadá a California. No fue difícil decidirnos.

Me gradué de la secundaria poco después de la mudanza, y me encontré en la escuela preparatoria para la universidad preguntándome qué iba a hacer con el resto de mi vida. Estaba sintiendo un llamado al ministerio pero luché en contra por lo que me pareció una eternidad; probablemente fue menos de año y medio. Luché porque sabía que el ministerio era un llamado individual y quería estar seguro de no dedicarme a ello porque era lo que hacía mi familia.

Después de responder al llamado de Dios en mi vida, pasé los siguientes dos años y medio en un seminario bíblico. Al graduarme tuve un puesto de pastor asociado que me esperaba. No duró mucho debido a un cambio pastoral, y pronto estuve trabajando en el equipo pastoral de mi padre cuando hizo la transición a una nueva iglesia en el Valle Silicon.

En mi primer día en esa iglesia conocí a una hermosa pelirroja. Un año después, Shelley y yo nos casamos. Catorce meses después de la boda, éramos padres. Tres años más tarde, justamente antes del nacimiento de nuestro segundo hijo, dejamos esa iglesia bastante grande y nos mudamos a las montañas de Santa Cruz, donde llegué a ser pastor de una iglesia con unos treinta miembros, en la pequeña ciudad de Felton.

Me conmueve el movimiento de crecimiento de la iglesia

Era 1986, y estaba despegando el movimiento de crecimiento de la iglesia. Era el tema de casi todos los libros, seminarios y conferencias para pastores. Las denominaciones comenzaron planes ambiciosos para aplicar los principios de crecimiento de la iglesia para lanzar nuevas iglesias, equipar a las que luchaban, y aumentar el tamaño promedio de las iglesias.

Los institutos y seminarios bíblicos habían comenzado a enseñar los principios de crecimiento de la iglesia de Donald McGavran, C. Peter Wagner, Roberto Schuller, *y otros* cuando yo estudiaba; pero el movimiento creció rápidamente poco después de graduarme. Para cuando empecé mi pastorado en Felton, los principios de crecimiento de la iglesia fueron aceptados como *la manera* en que *todas* las iglesias importantes hacían las cosas. Leía y escuchaba con creciente entusiasmo. Luego vi como muchos de mis compañeros aplicaban estos principios y veían un éxito increíble en el crecimiento de iglesias grandes e iglesias mega (un nuevo término y una idea relativamente nueva en ese momento).

Era todo muy nuevo. Pasé los siguientes años desaprendiendo la mayor parte de lo que me habían enseñado sobre cómo se dirige una iglesia. Todavía estoy agradecido de haberlo "desaprendido". No quiero ser duro con mis profesores del seminario, me dieron una base teológica maravillosa; pero el mundo estaba cambiando y casi toda su metodología había expirado, incluso cuando la vertían en mi taza.

En los años siguientes, Shelley y yo tuvimos a nuestro tercer y último hijo, seguido de un período breve y miserable en una iglesia en el extremo norte de la Bahía de San Francisco. Luego llegamos a *Fountain Valley*, sólo ocho millas al sur de *Disneyland*, en diciembre de 1992, donde fui pastor de *Community Bible Church*. Diré más sobre la condición de la iglesia en capítulos posteriores; por ahora les diré esto: era una iglesia pequeña, con problemas, y enfermiza; pero los hermanos que permanecían no eran la causa de los problemas. Ellos estaban al tanto de los desafíos y más que listos para asumir la tarea con un nuevo y joven pastor, que resultó ser increíblemente ingenuo.

Impulsado para hacer algo

A los pocos meses de llegar al condado de *Orange*, mi esposa y yo nos fuimos de vacaciones para celebrar nuestro décimo aniversario. En nuestro viaje asistimos a un servicio dominical en una mega-iglesia. Lo que habían construido y estaban a punto de construir era impresionante, especialmente porque estaba en una zona escasamente poblada. Me presenté al pastor y lo invité a almorzar conmigo al día siguiente para poderme familiarizar con su ministerio pastoral. Aceptó mi invitación y tuvimos un buen almuerzo con él y su esposa.

Compartimos experiencias y nos sorprendimos al descubrir que él conocía mucho de la comunidad a la que nos acabábamos de mudar, y sabía más al respecto que yo. "Es una pena –me dijo acerca de la situación de la iglesia en el área de *Fountain Valley*–. Nadie está haciendo nada allí." Con eso quiso decirme que, mientras que el condado de *Orange* tiene más que suficiente mega-iglesias, la zona inmediata donde yo ministraba no tenía ninguna.

Eso fue todo lo que necesité. Volví de mis vacaciones con la decisión de que sería yo quien finalmente "haría algo" en *Fountain Valley*.

Durante los siguientes años trabajamos duro para criar a nuestra familia, pagar las cuentas, y edificar la iglesia. Pero a pesar de mis mejores intenciones, trabajo duro y oraciones constantes, la iglesia sólo creció desde pequeña y luchando hasta algo menos pequeña y con un poco menos problemas.

Luego vino *Una Iglesia con Propósito*.

Cualquiera que era pastor a finales de la década 1990 recuerda el impacto que tuvo el libro de Rick Warren en los pastores. Fue nada menos que un fenómeno mundial. Y yo vivía a menos de media hora en auto del epicentro: la iglesia *Saddleback.*

Después de leer el libro, compré un libro para cada miembro del personal de la iglesia y para los diáconos. Requerí que ellos y sus cónyuges lo leyeran, luego programé una sesión de estrategia un sábado para discutir sus implicaciones para nuestra iglesia.

Cuando los líderes entraron a la reunión llevando sus libros, a la vista bien leídos y subrayados, parecían haber sido golpeados por el mismo tren que me había atropellado. Estaban tan emocionados, asustados, abrumados y entusiasmados como yo por entrar en este extraño y nuevo mundo. "Nunca volveremos a dirigir la iglesia como lo hemos hecho hasta ahora", fue uno de los primeros comentarios cuando abrí el debate. Nunca volvimos a lo mismo.

El siguiente fin de semana todos fuimos a un culto del sábado por la noche en la iglesia *Saddleback*. Fue impresionante, alentador y motivador, con todo tipo de intimidación.

Basados en los principios de *Una Iglesia con Propósito*, el equipo de liderazgo de nuestra iglesia pasó los siguientes meses investigando, planificando, orando y diseñando nuestro propio plan para transformar a nuestra pequeña iglesia en un dínamo con propósito. Los miembros de la iglesia captaron la emoción y nos preparamos para un cambio total.

Después de una campaña promocional que duró meses, en que sondeamos el barrio para anunciar la llegada de una "iglesia para las personas a quienes no les gusta la iglesia", volvimos a lanzar nuestra iglesia el 1 de octubre del 2000. Entre otras cosas, añadimos un segundo servicio el domingo por la mañana (con un descanso para tomar café entre ambos), dejamos los viejos himnos, dejamos de usar ternos y vestidos, renovamos el plan de estudios del ministerio para niños, establecimos la estrategia de discipulado de Rick Warren, y cambiamos el nombre de la iglesia a *Cornerstone Christian Fellowship*.[1]

¡Y funcionó! (La mayoría de) los miembros estaban entusiasmados con (la mayoría de) los cambios y varias familias que nunca habían estado en la iglesia se presentaron y les gustó lo que vieron. Durante los siguientes años hubo una ola de emoción y crecimiento hasta que, el 4 de enero del 2004, trasladamos nuestros servicios dominicales al auditorio de una escuela, doblando la capacidad de asientos. La mudanza no se debió a que necesitáramos el espacio en ese momento, sino porque los principios de crecimiento de la iglesia me decían que debía obtener más espacio *antes de* que lo necesitáramos. Habíamos crecido a poco menos de 250 adultos en un santuario que tiene capacidad máxima de 350 (175 por servicio). En la escuela podríamos sentar a más de 600 personas (300 por servicio) antes de necesitar un espacio más grande. Estaba seguro de que necesitaríamos comenzar a buscar otro lugar muy pronto.

Sentí que finalmente estaba por "hacer algo".

Confusión y confesión

Durante poco más de un año, un ejército de voluntarios asombrosamente dedicados movió fielmente una iglesia llena de equipos al auditorio de la escuela todos los domingos, luego empacó todo y lo regresó a su lugar. La asistencia de la mañana del domingo creció de inmediato en la nueva ubicación y pronto estábamos promediando casi 350 adultos.

Pero la rutina semanal comenzó a desgastar a los hermanos, las sillas plegables de metal y la falta de aire acondicionado en el auditorio de la escuela hicieron insoportables los servicios de verano en el sur de California, y nos llamaba nuestra propia capilla cómoda, fresca y libre de gastos por renta que estaba vacía. La multitud comenzó a menguar. Cuando la escuela ya no podía rentarnos el auditorio debido a próximas renovaciones, llevamos de regreso a la reducida congregación a nuestro antiguo edificio, en marzo del 2005.

Todos estaban encantados de estar de vuelta en una "verdadera iglesia".

Yo me sentía muy mal.

Volver a nuestro templo parecía *retroceder* y sentí como que había fracasado.

En seis meses, mis sentimientos de desesperación se profundizaron conforme más personas se fueron de la iglesia. Estaba convencido de que era porque habíamos hecho este retroceso y porque ya no teníamos el espacio más grande para inspirar el crecimiento. La verdad era que nuestra reducida congregación tenía más que ver con el estado de ánimo desesperado en que se encontraba el pastor. A pesar de mis mejores esfuerzos sonreír cuando lo necesitaba, mi inquietud emocional causaba que la gente se fuera, lo cual producía una melancolía más profunda dentro de mí, lo que a su vez causaba una mayor inquietud, más deserciones, una depresión más profunda...

No sé qué tan baja fue la asistencia en los próximos dos años. Estábamos en caída libre y dejé de contar. Llevar la cuenta de la asistencia fue muy divertido cuando estábamos creciendo, pero ahora me hacía sentir muy mal. Lo cierto era que ahora cabíamos cómodamente en el viejo y pequeño edificio de la iglesia.

Estaba convencido de que había sido maltratado en algún momento del camino. Después de todo, mi deseo de edificar una iglesia grande tenía la debida motivación. Nunca se había basado en ambición personal. Ahora bien, a veces la ambición sacaba su fea cabeza, pero no fue un factor determinante. Sentía como si estuviera siendo castigado como el siervo infiel que había enterrado a su talento, a pesar de que me había esforzado *muy duro* para invertir sabiamente.

Solo quería ser fiel a Dios. Eso es todo lo que quiero, aún hoy. Y los pastores que más admiraba me decían que la mejor manera de hacerlo era edificando una iglesia grande. Más gente significa más almas; más almas es el propósito del reino de Dios. Ahora parecía que Dios me había preparado para una tarea sólo para quitarme el objetivo cuando estaba a punto de cumplirse.

Entonces me enojé. Como mencioné en el capítulo anterior,

comencé a odiar el edificio de la iglesia. Sentimientos de ira me abrumaban cada vez que llegaba allí. A veces no paraba sino que seguía conduciendo, cancelaba mis citas con una excusa poco convincente e iba al cine o a la playa, donde me sentaba a mirar las olas durante horas. Aparte de Shelley, no le conté nada de esto a nadie. Ni siquiera le dije todo a ella.

Al fin comprendí que necesitaba ayuda y busqué un consejero. Incluso eso me hizo enojar. Yo brindaba consejería pastoral gratis a los hermanos de mi congregación –algo que siempre he hecho bien, aun durante ese tiempo–; pero cuando yo necesitaba ayuda tenía que pagarle a alguien por hora. Poco después de comenzar el asesoramiento, comprendí que una sesión semanal no sería suficiente. Tenía que decirle a la gente que me amaba lo que estaba pasando. Después necesitaría un descanso.

Empecé con mis familiares. Les dije lo que estaba sintiendo; me trataron con mucho amor, como yo estaba seguro de que sería. Decirles mi situación fue difícil; pero tan pronto como lo supieron, mi carga se sintió un poco más ligera. Estuvieron de acuerdo en que estaba agotado y necesitaba un descanso. Y comenzaron a orar.

Debido a su apoyo, tuve el valor de decirle a mi personal lo que estaba pasando, y también a la junta de diáconos. Eso fue espantoso. No sabía cuál sería su respuesta; pero si iba a tomar un descanso del ministerio, necesitaban saber por qué. Después de todo, sin la aprobación de los diáconos y el personal dispuesto a cubrir mis áreas de ministerio, no podía irme.

No me di cuenta de ello en ese momento; pero todo mi futuro en el ministerio, incluso si iría a *tener* un futuro en el ministerio, dependía de su respuesta. En ese momento, la junta de diáconos tenía todo el derecho a decirme que buscarían un nuevo pastor. Después de todo, el fracaso causado por el traslado a la escuela fue mi culpa. La posterior angustia que estaba causando el actual éxodo de la iglesia también se debía a mí.

La respuesta de ambos grupos fue una mezcla de conmoción, tristeza y alivio. Pero sobre todo fue de amor. El alivio que sintieron fue porque ahora muchas cosas tenían sentido. Habían visto las recientes salidas de la iglesia y habían sentido la misma sensación de incomodidad, algo que no podían identificar.

En lugar de juicio, me dieron gracia. Cuando les dije que necesitaba un descanso, tuvieron solamente una respuesta: "¿Cuánto tiempo necesitas?"

Por siempre estaré en deuda con ellos.

Les dije que necesitaba cuarenta días libres. Un buen número bíblico. Ochenta hubiera sido mejor, mucho mejor, en realidad; pero no tuve el descaro de pedir tanto. Los cuarenta días comenzarían después del primer domingo del año nuevo.

El domingo 1 de enero del 2006 fue el momento más bajo de mi vida ministerial, y el día en que hice lo peor que he hecho como pastor.

Encontré un chivo expiatorio.

La congregación sabía que iba a comenzar mis cuarenta días sabáticos tan pronto como terminaran los servicios del domingo. Después de predicar esa mañana y pedir a los hermanos que oren por mí, llamé al director de adoración a mi oficina. Le dije que después de regresar, estaría buscando un nuevo director de adoración. Sabía que estaba equivocado al hacerlo, especialmente porque el tiempo no era apropiado. Incluso le *dije* que sabía que estaba equivocado. Lo hice de todos modos. Aún no sé por qué lo hice. Había muchas cosas que andaban mal con la iglesia en ese momento, y algunos problemas en el ministerio de adoración, por supuesto; pero mucho menos estaba mal con él que conmigo.

Salí del templo y no hablé con él ni con nadie más de la iglesia durante más de cinco semanas.

Todavía estoy enojado conmigo mismo por lo que le hice ese día. Me ha llevado mucho más tiempo perdonarme a mí mismo de lo que tardó él en perdonarme. Dirigió la adoración durante los siguientes cuarenta días sin decirle a la congregación lo que yo le había hecho. El resto del personal y los líderes voluntarios, dirigidos por Gary García, mi compañero en el ministerio por más de veinte años ahora, se unieron, cumplieron lo que había que hacer, oraron por mí, y se preguntaban lo que pasaría al fin de los cuarenta días.

Por mi parte, estaba decidido a no preocuparme por la iglesia, a no pensar en ella e incluso a no pasar por el edificio. Y eso es exactamente lo que hice. A veces tuve que idear nuevas rutas camino a casa para no tener que pasar por el templo, lo cual es *muy* difícil de hacer cuando uno trata de no pensar en ello; pero lo logré. Durante cuarenta días, ni una vez vi la propiedad.

Durante ese tiempo oscuro, fui al *Centro de terapia*, donde el Dr. Jim Masteller me ayudó a descubrir muchas cosas difíciles sobre mí mismo.

Lo primero que hicimos fue determinar qué exactamente estaba mal. Durante las primeras sesiones simplemente siguió investigando, haciendo preguntas. Intentaba hacerme admitir no sólo lo que estaba mal, sino lo que yo quería. No puedo recordar exactamente lo que me llevó a esto, pero recuerdo muy claramente que le dije desesperadamente: "¡Solo necesito enamorarme otra vez de Jesús!"

Ese se convirtió en nuestro objetivo. Muy pronto descubrimos que la única forma en que yo iba a llegar a cumplir mi objetivo era que superara mis sentimientos de enojo con Dios por haberme decepcionado. El primer paso en ese proceso, dijo Jim, era que necesitaba una nueva definición del éxito.

Dios no me había decepcionado. Se suponía que no debía ser otra persona ni debía estar en otro lugar. Dios me hizo quien era y me puso allí donde estaba. Nunca estaría bien conmigo mismo hasta que aceptara eso.

Una nueva definición del éxito. La primera vez que mencionó esa idea, me endurecí. Argumenté que redefinir el éxito era sólo un eufemismo para conformarse con menos. Sin embargo, él sabía que eso no era así. Jim, que antes había sido pastor, reconoció que mi definición del éxito en el ministerio se había vuelto antibíblico e insalubre. Me estaba matando por dentro y también por fuera; pero Dios me había protegido de alcanzar una meta antibíblica que yo me había propuesto. Mi fracaso en alcanzar esa meta no fue un problema, sino la bendición de Dios.

El Dr. Masteller no me dijo cómo sería una nueva definición del éxito. Tendría que descubrirlo por mí mismo. Ese fue realmente un tiempo desértico para mí; parte del mismo, literalmente, ya que pasé una semana haciendo senderismo en un parque nacional. Al cabo de los cuarenta días, comprendí que el doctor tenía razón. Aún no estaba sano, pero iba en buen camino y estaba equipado con las herramientas que necesitaba para recuperar la salud nuevamente.

Un nuevo comienzo

Tres días antes del primer domingo en que debía volver a la iglesia, recibí una llamada de uno de los diáconos. Tenían sesión esa noche y me preguntaron si podía venir. Conduje a la reunión con los nervios de punta, sin saber qué pasaría.

Nos saludamos con extrañas pero sinceras sonrisas y abrazos, luego nos sentamos en la sala de estar donde uno de ellos abrió la reunión con oración. Llegaron al grano. "Pastor –dijo uno de ellos–, queríamos hablar con usted esta noche por dos razones. Primero, queremos saber si los cuarenta días son suficientes o si necesita más tiempo. Si es así, veremos la forma de resolverlo."

Quedé sorprendido. Y agradecido.

Debí haberles pedido otros cuarenta días, pero no lo hice. Les dije que estaba listo para regresar el domingo.

“Bien –dijo él–. Esperábamos que dijera eso. La segunda razón por la que queríamos que venga no importa ahora. Íbamos a preguntarle si volvería o si se iba para siempre. Si había decidido dejarnos, íbamos a tratar de convencerlo para que se quede. Ahora todo lo que tenemos que hacer es darle la bienvenida a casa.”

“En realidad, hay otro tema del que debemos hablar –agregó otro diácono–. Usted tiene que reconciliarse con (mencionó al director de adoración por nombre) lo antes posible.”

Mi corazón empezó a latir fuerte. Ellos lo *sabían*.

Entonces caí en cuenta. ¡¿Ellos sabían?! Eso significaba que estaban completamente al tanto de lo que yo había hecho y, aunque no hicieron ningún esfuerzo por disculparlo, no les había impedido ofrecerme ayuda o querer que volviera a ser su pastor.

La gracia es algo hermoso.

Ese diácono se ofreció a ir conmigo para hablar con el director de adoración, si es que quería su apoyo emocional. Yo acepté. Mis días de tratar de hacer las cosas difíciles por mí mismo habían terminado. Nos encontramos la noche siguiente en la casa del director de adoración. Le dije que estaba arrepentido de lo que había hecho y les supliqué a él y a su esposa que me perdonaran. Aceptaron mi disculpa y me perdonaron por completo, aunque ya habían empezado a planear su partida; se despidieron de la iglesia poco después. Él y su esposa siguen siendo nuestros amigos y seguimos disfrutando de la amistad cuando nos vemos en cumpleaños y otras celebraciones.

Hasta el día de hoy, me admiro de cómo él hizo lo que hizo, dirigiendo a una congregación herida en adoración sanadora durante los cuarenta días que estuve fuera, sin decirle a nadie fuera del liderazgo lo que le había hecho; y sólo lo hizo porque ellos le pidieron que lo hiciera. Es un testimonio de su bello carácter y otro ejemplo de la gracia de Dios en acción.

Me gustaría decir que las cosas mejoraron en la iglesia de inmediato, pero no fue así. Muchos de los que se habían quedado para ayudar durante la crisis sintieron que ahora podían irse, incluidos muchos de los diáconos que habían sido tan amables conmigo. Algunos se fueron después de enterarse de lo que yo le había hecho al director de adoración, aunque él les suplicó que no lo hicieran.

Entiendo por qué los hermanos se fueron. Yo les había dado muchas razones para que se fueran y muy pocas para que se quedaran. No estaban dejando la iglesia tanto como me estaban dejando a mí. Yo también me hubiera dejado.

A los hermanos que se quedaron, que oraron y se esforzaron en esa temporada brutal y más allá, sólo tengo una cosa que decir, y nunca será suficiente.

Muchas gracias.

Pensando de manera diferente

Los pastores hablan mucho sobre la iglesia como una familia. Durante los siguientes dos años de reconstrucción, llegamos a ser en acción lo que sabíamos que éramos teológicamente.

Poco a poco aprendí a dejar de preocuparme por la cantidad de personas que llegaban a los servicios del domingo. Me alegré de que estuvieran allí, y de que me permitieran ser su pastor y amigo.

Pronto estaba teniendo más días buenos que días malos, en lo emocional y lo espiritual. Con el tiempo, los días malos se volvieron raros. Pronto la iglesia comenzó a recuperar su equilibrio. Sí, la cantidad de hermanos creció un poco, pero más que eso, había una sensación de un nuevo comienzo. No nos preocupaba hacia dónde íbamos después, sino disfrutábamos los momentos que teníamos ahora. Los hermanos estaban entusiasmados con la iglesia y nuevamente invitaban a sus amigos. Yo estaba saludable y la iglesia también.

Luego, a principios del 2008, en una reunión con el personal sobre los planes del ministerio, noté que algunos viejos hábitos intentaban abrirse paso hacia mi cerebro nuevamente. Me preocupaba cómo conseguir más gente en los asientos y me preguntaba qué estrategias podríamos emplear del último libro de ayuda pastoral que había leído, cuando me detuve, miré al personal, y dije: "Tenemos que dejar de pensar como una iglesia grande."

Explicaré más sobre lo que eso significa en el siguiente capítulo, pero por ahora déjeme decir esto. Ese fue el día en que mi perspectiva sobre el ministerio en la iglesia cambió para siempre, el día en que descubrí que soy pastor de una iglesia pequeña, y el momento en que nació este libro y el ministerio de iglesias pequeñas.

Capítulo 3

Deje de pensar como una iglesia grande

La lógica del movimiento de crecimiento de la iglesia fue algo como esto:

- La misión de la iglesia es ganar a los perdidos para Cristo
- Ganar más almas para Cristo es mejor que ganar menos almas para Cristo
- Las iglesias que están ganando más almas para Cristo tendrán más gente y se convertirán en iglesias grandes
- Para ser una iglesia grande hay que pensar como una iglesia grande

En el apogeo del movimiento de crecimiento de la iglesia no hubo frase o concepto más repetido o más firmemente creído que el último: hay que pensar como una iglesia grande. Lo oía en todas partes. Se lo dije a los líderes de mi iglesia.

Fue la razón principal de algunos de los mayores errores de mi ministerio.

Una ligera divergencia...

Antes de seguir con este capítulo, quiero agregar una posdata del capítulo anterior.

Es hora de dejar de culpar a Rick Warren.

Recientemente volví a leer *Una Iglesia con Propósito*, y verlo con ojos más maduros me ayudó a entender que lo que me pasó después de leerlo por primera vez no estuvo basado en lo que Rick *escribió* en el libro, sino en lo que yo *interpreté* al leerlo. Él nunca propuso que todas las iglesias sean enormes, o que llegarían a serlo si seguían los principios de su libro. Incluso, abrió el libro con una dedicatoria a los pastores que trabajan duro en iglesias pequeñas, a los que llama "los verdaderos héroes de la fe"[1]. El mensaje del libro era que todas las iglesias deben descubrir el propósito de Dios para ellas, y luego ministrar de acuerdo a ese propósito. Y él tiene razón.

Ese mensaje se tuerce cuando las personas que leen su libro y asisten a su Escuela de Pastores, incluyéndome a mí, lo hacen con el crecimiento y la influencia de la iglesia *Saddleback* en mente. Esperamos que el libro nos brinde el secreto para duplicar ese éxito. Y siempre encontramos lo que estamos buscando, aun si no está allí, ¿verdad?

Cuando Rick ilustra cómo aplicar los principios que explica en su libro, los entrega de parte de su propia vida y ministerio, tal como yo lo hago. La única razón de que los ejemplos son de mega-iglesias es porque él es pastor de una mega-iglesia.

No conozco a Rick Warren, y no es que necesite mi apoyo o aprobación. Ni siquiera digo que estoy de acuerdo con él acerca de todo, lo cual usted verá en capítulos posteriores donde su nombre aparece nuevamente. Pero sí creo, por nuestro propio bien y por el bien de nuestras iglesias, que los pastores deben agradecerle por su buen corazón y dejar de culparlo por la forma en que hemos interpretado el valioso mensaje que ha puesto a nuestra disposición. Muy pocos pastores, si es que alguno, han puesto sus ideas y principios a disposición del público y del escrutinio público, tan alegremente y de forma tan generosa como él.

Ahora bien, ¿en qué me quedé? Ah, sí...

Deje de pensar como una iglesia grande.

¿Debería cada pastor ser un ranchero?

En las últimas décadas, la metáfora más común para explicar lo que significa pensar como una iglesia grande es la ilustración de pastor/ranchero. Bajo el modelo de pastoreo, el pastor cuida a las ovejas una a una. Bajo el modelo ranchero, el pastor entrena a un grupo de pastores que se encargan del cuidado cotidiano, mientras que el rol principal del pastor pasa a supervisar a los pastores bajo su cargo.

Como dice la metáfora, a veces, bajo el modelo ranchero, tenemos que hacer un *triage* espiritual, es decir, establecer prioridades según la urgencia. En el campo de batalla, cuando las bajas se acumulan, los médicos al inicio del *triage* pueden parecer indiferentes al pasar junto los heridos y dedicar tiempo a las personas sanas. Pero las personas sanas con las que pasan tiempo son enfermeras, enfermeros y otros médicos. Hacen esto para capacitar, compartir información, y priorizar para que puedan atender a más personas con mayor efectividad.

En una iglesia grande, el modelo de rancho/*triage* espiritual tiene sentido. No hay forma en que alguien pueda cuidar a miles de personas individualmente. Un equipo de personal y voluntarios bien capacitados es esencial para cada aspecto del ministerio.

En una iglesia pequeña, cuando el pastor deja de hacer visitas al hospital y ya no recibe a cualquiera que busca ayuda, y cuando comienza a delegar esas responsabilidades a otros, los miembros de la congregación se sienten descuidados y poco importantes.

Luego comienzan a buscar otra iglesia. Lo sé. Lo he experimentado.

No soy el único con esta experiencia. He hablado con muchos pastores desanimados con testimonios como el mío, que probaron el modelo de rancho sólo para descubrir que los miembros de su congregación se sintieron abandonados.

Ese sentimiento de olvido es comprensible. Después de todo, cuando Jesús comisionó a Pedro, le dijo: "apacienta mis ovejas", no "cuida de mi rancho"[2]. El modelo de rancho nos dice que nuestro enfoque principal debe pasar de "cuidar" a "desarrollar y administrar un sistema de atención"[3] para el cuerpo que servimos. Solo hay un problema con eso. Como dice un pastor amigo mío: "La gente quiere ser pastoreada, y no ser administrada espiritualmente."[4]

El modelo de rancho o ranchero no hace que la vida de un pastor automáticamente sea más fácil o productiva. Muchos de los que hemos probado ese modelo nos hemos sentido insatisfechos e inefectivos porque nuestro corazón estaba en el ministerio práctico, pero nuestro horario había cambiado a capacitación, promoción y administración de liderazgo.

No fui llamado a administrar sistemas. Dios me llamó a pastorear gente.

Muy pocos pastores ingresaron al ministerio porque se sintieron llamados a "desarrollar y administrar un sistema" de cualquier cosa, y mucho menos con la expectativa de que alguna vez dejarían de hacer ellos mismos el cuidado. Para decir verdad, los promotores del sistema de ranchero no dicen que el pastor debe dejar de hacer el cuidado pastoral, sólo que tiene que tomar un lugar secundario, con precedencia de la capacitación de otros.

Estoy de acuerdo en que el capacitar y delegar a otros para que hagan más aspectos del ministerio debe ser una mayor prioridad en la obra pastoral de lo que suele ser. Esta lección es tan antigua como Moisés, literalmente. El principal argumento bíblico para el modelo de ranchero proviene de Jetro,[5] el suegro de Moisés, que vio a Moisés trabajar desde el alba hasta el anochecer como el único juez para toda una nación. Esto no servía bien a Dios, a Moisés ni al pueblo, así que Jetro ideó un plan de delegación que resultó mucho mejor.

El modelo de rancho o ranchero resulta. Argumentar que la delegación y la capacitación son innecesarias es necio, antibíblico, y probablemente egoísta. Después de todo, el mismo apóstol Pablo nos dijo que una de las tareas principales de los pastores es "capacitar al pueblo de Dios para la obra de servicio"[6]. Para mí, eso es delegación.

Pero Jesús principalmente usó y enseñó el modelo de pastor y no de ranchero. Por ejemplo, después de su resurrección, Jesús le dijo a Pedro tres veces: "apacienta mis ovejas"[7]. En la primera y la tercera instancia, la palabra griega que Jesús usó para "apacentar" se puede traducir literalmente como "*pastorea* mis ovejas". En la frase del medio significa "*apacienta* mis ovejas". La palabra *pastor* proviene de esos términos de pastorear.

Así que, es cierto que tanto los modelos de ranchero como de pastor están en las escrituras. Pero, francamente, tenemos que admitir que la mayor parte de lo que hemos aprendido sobre el modelo de rancho no es de las escrituras. Es de prácticas empresariales y militares. No es coincidencia que las mega-iglesias comenzaron a proliferar en los años posteriores a la Segunda Guerra Mundial. Las mega-iglesias simplemente adaptaron muchos de los métodos de eficiencia militar que ganaron la guerra y reconstruyeron naciones.

No hay nada de malo en adaptar métodos externos, por supuesto. Jetro era sacerdote de Madián, no de Israel; no obstante, Moisés aprendió de su sabio consejo. Y el hecho de que Jesús nunca se refirió al modelo de rancho no significa que no podamos usarlo. Pero el equilibrio de las escrituras indudablemente se inclina hacia el pastoreo. Eso debería detenernos un poco antes de que demos un lugar secundario al método que Jesús puso en primer plano.

Considere también que bajo el modelo rancho o ranchero, la parábola de Jesús de la oveja perdida sería muy diferente. El ranchero no habría salido él mismo a buscar la oveja perdida; habría entrenado y delegado a los pastores bajo su cargo para que lo hicieran. Lo que importa, por supuesto, es que fue encontrada la oveja perdida, y no quién la encontró; en última instancia, solamente Jesús es quien encuentra lo perdido. Esta parábola debería recordarnos que los pastores que han sido llamados a servir predominantemente como "pastor" no deberían sentir que tienen que justificar esa elección.

Jesús nunca dejó de ser un pastor aunque a menudo tenía grandes multitudes a quienes atender. Sí, a veces, usó el modelo ranchero, como cuando envió a los setenta a predicar, y ellos le informaron del resultado de la misión, y cuando dijo a los discípulos que distribuyeran la comida entre las más de cinco mil personas hambrientas. Pero el *pastoreo* siempre fue su principal modo de ministerio.

Ya que Jesús constantemente enseñó y usó el modelo de pastor, pero sólo ocasionalmente enseñó o usó el modelo ranchero, ¿no debería el pastoreo ser nuestro modelo predeterminado?

Aunque usted acepte la premisa de que el modelo rancho es la mejor manera de edificar y administrar una iglesia grande, puede que no sea la mejor forma de pastorear una iglesia pequeña. Sin embargo, eche un vistazo a los libros y seminarios que promueven el modelo de rancho o ranchero. ¿Alguno de ellos admite que tal vez no sea el mejor método para las congregaciones pequeñas? Ninguno que yo haya visto.

No hay duda de que deberíamos adoptar el modelo de rancho cuando sea necesario. Pero sigo buscando un seminario o un libro para el ministerio pastoral que enseñe el método de ranchero y que también nos advierta a pensar detenidamente antes de abandonar por completo el modelo de pastor.

¿Por qué este modelo de ranchero es tan dominante en nuestra enseñanza pastoral? Porque siempre se supone que cualquier que tenga visión va a edificar una iglesia grande. Cuanto antes adoptemos el modelo de racho o ranchero, más pronto tendrá lugar ese crecimiento inevitable.

De este modelo de rancho me estaba alejando cuando le dije al personal de mi iglesia que íbamos a dejar de pensar como una iglesia grande. Ese día tomamos la decisión consciente de nunca más permitir que el *triage* espiritual sea una excusa para administrar sistemas a expensas de atender a las personas.

Eso no significa que dejamos de capacitar a otros para hacer la obra del ministerio; redoblamos nuestros esfuerzos. Significaba que nunca dejaríamos que la capacitación de otros se convirtiera en una razón para descuidar el ministerio práctico nosotros mismos.

En una mega-iglesia, el pastor a veces tendrá que dejar de hacer el cuidado pastoral para satisfacer las necesidades y administrar los sistemas necesarios. En una iglesia pequeña, el pastor puede y debe hacer ambas cosas.

El verdadero precio de la mega-iglesia

Los sistemas de las iglesias grandes funcionan para las iglesias grandes. Pero incluso cuando funcionan, es importante que los hermanos sepan que, junto con las grandes cosas que se obtienen cuando una iglesia crece, aun esas ganancias tienen su precio.

Estaba usando una serie de DVD de un conocido pastor de una mega-iglesia en el grupo de hogar que dirigimos mi esposa y yo, cuando él dijo algo que me pareció extraño. En el vestíbulo de su iglesia, dijo: "Miles de personas pasan por estas puertas cada fin de semana, y a veces salgo al vestíbulo para simplemente mirar a la gente cuando entra... Amo a esta gente. Estas son algunas de las personas que amo más que a nadie en el mundo."

¿De veras? pensé. ¿Él ama tanto a los hermanos de la iglesia que *realmente* sale al vestíbulo a *mirarlos?*

No dudo del amor que este pastor tiene por su iglesia, y nuestro grupo sacó mucha ventaja de su libro y la serie de DVD. Pero ¿pueden imaginar a alguien que ama a las personas "más que a nadie en el mundo", que se contenta con solamente mirarlas? ¿Y que afirma eso como prueba de cuánto las ama? ¿Excepto una celebridad que habla de sus fanáticos?

Este pastor no se sienta a hablar con los miembros de su iglesia cuando vienen a los servicios de fin de semana. Él no puede. Hay demasiados hermanos. Tiene que conformarse con mirarlos.

Sentí tristeza por él. Probablemente estoy expresando mis propios sentimientos, pero percibí que él sintió algo de tristeza cuando lo dijo.

Ese es uno de los precios que los pastores de mega-iglesias tienen que pagar. Creo que es un precio significativo que les cuesta más de lo que la gente comprende. Les estoy agradecido por hacer ese sacrificio, porque no sé si yo podría mantener mi salud emocional y espiritual si se me pidiera hacer el mismo sacrificio. En realidad, la historia de mi vida es una prueba de que no puedo.

Necesitamos mega-iglesias realmente, así es. Pero tenemos que seguir el consejo de Jesús antes de seguir construyendo iglesias más y más grandes. Necesitamos darnos cuenta del costo.[8] El precio es más que monetario, mucho más. El verdadero costo es el humano. Y nadie paga ese precio más que los pastores de las mega-iglesias, excepto quizá sus cónyuges y sus hijos. Como Mark Driscoll, pastor de una mega-iglesia, recientemente expresó: "Tu pastor puede ser el hombre más solitario de tu iglesia y, a menos que seas él, probablemente no tenga mucho sentido."[9] Ese sentimiento no es exclusivo de los pastores de mega-iglesias, pero creo que es digno de mención que fue un pastor de una mega-iglesia que sintió la necesidad de expresar esto en *Twitter*.

Antes de que Rob Bell se convirtiera en una lumbrera por sus enseñanzas sobre la existencia o no existencia del infierno, fue un pastor que escribió sobre el costo emocional y espiritual de muy rápido crecimiento de una iglesia, y lo que llamó "iglesia incorporada"[10] en su famoso libro *Velvet Elvis.* Describió el pánico que lo llevó a esconderse en la sala de almacenamiento de la iglesia un domingo por la mañana, debatiendo si debía alejarse de todo. ¿El problema? Su joven iglesia había experimentado un crecimiento inmediato, sin precedentes, y no estaba preparado para manejarlo.

Cuando leí el relato de Bell, me sentí desarmado por su honestidad, pero mi primera respuesta no fue muy comprensiva. Fue más bien, algo así como: *lo siento, Rob, es difícil para mí comprender el trauma de demasiado éxito demasiado rápido. Vuelve a hablarme cuando hayas tenido años de golpearte la cabeza contra una pared de ladrillos intentando que la gente aparezca, o perdiendo a muchos de los miembros que ya tienes. Con eso me puedo identificar.*

En ese momento, esa parte de la historia de Bell me pareció quejumbrosa y exagerada. No me parece así ahora. Una de las principales lecciones de la Historia de la Iglesia es que es más difícil servir a Cristo en tiempos de éxito que cuando hay fracaso.

Se ha dicho que si quieres durar buen tiempo en el ministerio debes alejarte de tres cosas: mujeres, dinero y fama. Puede parecer un poco anticuado y sexista, pero es lo que se ha dicho.

Hay peligro de mucha fama cuando miles de personas se presentan cada semana para sentarse en silencio y escuchar atentamente cada palabra que uno tiene que decir. No todos pueden manejarlo. Algunos se exasperan temporalmente, como Rob Bell describe, y otros permanentemente. Algunos lo toman a pecho y comienzan a pensar que merecen todos los elogios. Otros sienten que como han sido capaces de manejar bien la fama, merecen ir tras las mujeres y el dinero. La Historia de la Iglesia está plagada de escándalos y daños causados por ese pensamiento retorcido.

Esta es una de las razones de que tengo mucha admiración por los pastores de mega-iglesias que son capaces de mantener la compostura y la humildad para que "su" mega-iglesia siga saludable, creciendo y funcionando durante décadas.

Saber pastorear una mega-iglesia saludable es un don especial y raro. He aprendido a estar agradecido por no tener que llevar tal carga.

Pequeña, grande y mega

Antes de avanzar más, definamos algunos términos. Suena emocionante, ¿verdad? Siga pendiente. Esto realmente importa. Le prometo que no será complicado.

Cuando hacemos distinciones entre iglesias pequeñas, grandes o mega, ¿qué queremos decir exactamente?

Numéricamente, los límites entre las iglesias de cada tamaño no son tan claros, pero esto es lo que quiero decir con lo siguiente:

- Casa-iglesia: menos de 25 (se reúnen en una casa)
- Iglesia pequeña: 25 a 350 (o menos de 25 que se reúnen un templo)
- Iglesia grande: 350 a 2.000
- Mega-iglesia: más de 2.000

Dentro de algunas categorías, las distinciones de tamaño de la iglesia podrían desglosarse aún más. Por ejemplo, hay claramente dos niveles de iglesias pequeñas. Una típica iglesia pequeña tiene de 25 a 200 miembros, mientras que las iglesias de 200 a 350 miembros pueden llamarse de tamaño mediano.

Pero, como con todo en una iglesia, los números no siempre son la mejor forma de hacer estas distinciones. En varios niveles de tamaño, las iglesias en realidad adquieren una nueva personalidad. Este cambio significa que las iglesias con una asistencia de fin de semana de 200 a 350 personas, aunque aún se consideran pequeñas, tienen un tipo de personalidad y gestión que es muy diferente de las de 25 a 200.

Estos cambios en la personalidad de la iglesia pueden ser una forma más precisa de definir cada tamaño.

- Casa-iglesia: se ejecuta como una unidad familiar. Todos participan en todo.
- Iglesia pequeña: fuerte control pastoral. Los ministerios se ofrecen principalmente por categorías de edad.
- Iglesia mediana: se contrata algo de personal y hay ministerios disponibles en función de intereses y necesidades.
- Iglesia grande: más orientadas a los programas. El ministerio pastoral se hace por pastores contratados y en grupos pequeños. Se espera una calidad muy alta en todos los programas y ministerios.
- Mega-iglesia: funciona como si fuera un grupo de iglesias pequeñas que satisfacen necesidades específicas. Se reúnen bajo un nombre común y un pastor principal para los servicios de fin de semana. La mayoría de los asistentes no ven al pastor principal más que durante la predicación. El pastor principal es un líder de líderes, que pastorea al personal de la iglesia.

Una iglesia pequeña tiene menos de 350 en asistencia promedio los fines de semana. Pero cuando yo uso el término "iglesia pequeña", no incluyo las casa-iglesias por un par de razones.

Primero, las casa-iglesias son un sector único de la vida de la iglesia que operan con principios significativamente diferentes a los de otras iglesias. Si bien las aprecio y estoy agradecido por las personas a quienes sirven, especialmente en partes del mundo donde la iglesia tiene que funcionar en la clandestinidad, no tengo experiencia de cómo es y no presumiría enseñar sobre ellas.

En segundo lugar, así como hay mucha información sobre cómo administrar una mega-iglesia, también hay muchos libros y sitios web sobre casa-iglesias. Mi objetivo es abordar el terreno intermedio entre la casa-iglesia y la mega-iglesia, donde está la gran mayoría de iglesias, pero donde ha habido muy poco apoyo, aliento o enseñanza.

Capítulo 4

No desprecie el tamaño

"¡Todos los habitantes que vimos son enormes! ... ¡Al lado de ellos nos sentíamos como saltamontes y así nos miraban ellos!"
Números 13:32,33 NTV

Que nadie te menosprecie por ser joven.
1 Timoteo 4:12

Pasé demasiados años diciéndoles a buenos hermanos que su forma de ver la iglesia estaba mal.

Estos hermanos no eran de los que se quedaban atrás ni eran asesinos de la visión. No todos ellos. No la mayoría de ellos.

No eran los saltamontes. Yo era el saltamontes.

Eran seguidores de Cristo que asistían a la iglesia que yo pastoreaba, porque allí eran suplidas sus necesidades espirituales y emocionales. Y se sentían lo suficientemente inspirados por la orientación espiritual que recibían, tanto que querían compartirla con los demás.

No necesitaban que yo ni nadie más les dijera que no lo estaban haciendo bien, simplemente porque una de las principales cosas que los atraía a la iglesia –pequeña e íntima– era de alguna manera inadecuada, o peor, un error. Pero yo les dije eso. A través de innumerables enseñanzas y comportamientos, sutiles y no tan sutiles, les hice a ellos lo que a mí me habían hecho. Les hice sentir menos valiosos porque no eran tan grandes como una falsa sensación de éxito les decía que deberían ser.

Si grande equivale a exitoso, ¿a qué equivale pequeño?

Las cosas grandes pueden ser inspiradoras.

También pueden ser intimidantes.

Cuando los espías hebreos exploraron la Tierra Prometida, todos volvieron con el mismo informe. *¡Es una gran tierra! ¡Una tierra rica! Una tierra ENORME!* Dos de ellos se inspiraron por el tamaño masivo, los otros diez se intimidaron.

Cuando Pablo designó a Timoteo para que pastoreara a la naciente iglesia en Éfeso, Timoteo era tan joven que Pablo sintió la necesidad de decirle que no se dejara despreciar por su juventud.

No me gusta admitirlo; pero, como pastor de una iglesia pequeña, en muchas ocasiones me he sentido intimidado y despreciado por pastores de iglesias grandes.

Sin duda, los pastores de una iglesia pequeña conocen ese sentimiento. Tenemos una cultura, especialmente en las iglesias de raza blanca, en que igualamos el tamaño con el éxito. Por ello, cada libro que he leído sobre varios tamaños de iglesia comienza con la premisa de que las iglesias de cierto tamaño deben eliminar los obstáculos que impiden que se conviertan en una iglesia del siguiente tamaño. ¡Firmes y adelante! ¡Hacia arriba!

Estas son las estadísticas norteamericanas, según Carl F. George: "Al llegar a los 100, su iglesia se ha convertido en más grande que el 60 por ciento de sus iguales; a los 140, 75 por ciento; a los 200, 80 por ciento; a los 350, 93 por ciento; y al llegar a 500, 95 por ciento."[1]

Así que el 93% de las iglesias de los Estados Unidos (con menos de 350) son pequeñas, mientras que el 80% (con menos de 200) son *muy* pequeñas. Si el tamaño equivale al éxito, entonces el 93% de los pastores no tienen éxito, hacen mal su trabajo y no cumplen apropiadamente su llamado, mientras que el 80% de los pastores cumplen *muy* mal su trabajo, un número del que me escapo, pero *apenas.*

Así que, ¿80% a 93% de los pastores fracasan? ¿Puede esto ser así?

No. La mitad de todos los cristianos en Estados Unidos, y mucho más de la mitad de los cristianos en todo el mundo[2], asisten a una iglesia pequeña, no porque carezcan de opciones, sino porque, sorprendentemente, ¡van a una iglesia pequeña *porque así lo desean!* Y nadie tiene derecho a decirles que están equivocados por hacerlo. El deseo de adorar y servir a Dios en una iglesia pequeña no es un error teológico o un déficit de personalidad. Es hora de que dejemos de tratarlo como si así fuera.

En los próximos capítulos veremos algunas razones por las que casi todas las personas eligen iglesias pequeñas sobre iglesias grandes. Por ahora, pastores de una iglesia pequeña, tomen nota de esto. La próxima vez que sientan la tentación a frustrarse por todas las personas que pasan de largo por su iglesia para asistir a una mega-iglesia, tengan en cuenta que hay más gente que pasa de largo por una mega-iglesia para asistir a una iglesia pequeña.

Antes de pasar a más buenas noticias, tenemos que echar un vistazo a cómo algunas iglesias perciben a las iglesias pequeñas y a quienes las pastorean. Como ya dije, mis sentimientos de incapacidad por ser pastor de una iglesia pequeña eran culpa mía. Pero no se formaron en el vacío.

Lamentablemente, la mayoría de los pastores no dan tanto valor a los sentimientos hacia la iglesia pequeña de las personas que asisten a ella y la aman, como a las actitudes que se expresan en las siguientes historias verídicas.

¿Es malo que una iglesia sea pequeña?

Hace años, asistí a una conferencia pastoral donde el orador principal era pastor de una mega-iglesia. Después de dos días de consejos, a menudo útiles e inspiradores, sobre cómo superar las barreras de crecimiento de la iglesia, en su mayoría tomadas de anécdotas sobre el crecimiento espectacular de su iglesia, respondió a preguntas del público.

Una de las primeras preguntas fue del pastor de una iglesia pequeña que tenía problemas. "He escuchado muchas cosas buenas en los últimos días sobre la superación de obstáculos y cómo tener crecimiento numérico en la iglesia –dijo–. He estado tratando de aplicar estos principios en mi iglesia desde hace años. Esta es mi pregunta: ¿es malo que una iglesia sea pequeña?"

"No –respondió el pastor de la mega-iglesia– no durante dos semanas."

El pastor de la iglesia pequeña produjo una risa incómoda, y esperó que este pastor de la mega-iglesia sonriera y dijera que era una broma, o que diera alguna otra explicación. Pero no hubo explicación. El pastor de la iglesia pequeña dio media vuelta y se alejó. Otra persona fue al micrófono con otra pregunta. La conferencia continuó.

Un año después de ese intercambio, estaba en una conferencia donde había un debate sobre pastores y diezmos. Algunos pensaban que el diezmo del pastor pertenece por completo a su iglesia local. Otros argumentaron que estaría bien que un pastor pague parte o la totalidad de su diezmo a una denominación. Esto se basó en la premisa de que la denominación del pastor es su autoridad espiritual, así como los pastores son la autoridad de los miembros de la iglesia.

Un pastor que tenía trabajo secular argumentó que el diezmo de sus ingresos del ministerio podría apropiadamente ser para su denominación, pero que cualquier diezmo del empleo secular debía ser para la iglesia local. Como una forma de exponer su caso, les dijo a los pastores reunidos que su iglesia pequeña, de bajos ingresos, no podría sobrevivir sin el diezmo de su empleo fuera de la iglesia.

"Si su iglesia es demasiado pequeña para sobrevivir sin el diezmo que usted aporta –respondió un pastor de opinión opuesta– tal vez no debiera sobrevivir en absoluto."

Más tarde escuché que el pastor que hizo esa declaración, después de la reunión fue al pastor que tiene empleo secular para ofrecer una disculpa. Pero hasta donde sepa, esa declaración nunca se retractó en público.

Estos dos ejemplos pueden ser extremos, pero son reales. Y tienen mucho que decir. Con tales actitudes en juego, ¿cómo los pastores de una iglesia pequeña no han de sentirse despreciados?

¿Quién está despreciando a quién?

De hecho, me he detenido un momento en el teclado de mi computadora portátil, luchando por decidir si debiera o no escribir el siguiente párrafo, porque no quiero que sea cierto. Tal vez sea solamente mi saltamontes interior que habla, pero aquí va...

Durante las últimas décadas, entre los pastores en general se ha despreciado a las iglesias pequeñas.

Muy pocos pastores dirían algo tan despreciable como lo que se dijo en los ejemplos anteriores; pero proclamamos el mismo mensaje, en su mayoría sin quererlo, de muchas otras formas.

Por ejemplo, es posible que esta sea la primera vez que escuche a alguien abrazar la idea de que las iglesias pequeñas no sólo son aceptables, sino que deben ser celebradas como miembros esenciales del cuerpo de Cristo. Lo sé por una simple razón. Como mencioné en la página del prefacio, después de buscar durante años un libro que me alentara en mi papel de pastor de una iglesia pequeña, finalmente desistí de buscar y decidí escribirlo yo mismo.[3]

Algo está mal con eso, ¿no le parece?

Lamentablemente, el desprecio no es una calle de una sola vía. Uno no tiene que pasar mucho tiempo en compañía de los pastores de iglesias pequeñas para escuchar el flujo de la bilis en sentido contrario. Solamente hay que mencionar el nombre de la última gran iglesia local que ha tenido éxito y comenzará la mezquindad. "Diluyen el evangelio", "El pastor es amigo de un puñado de donantes ricos", "Sólo está allí por su relación con tal o cual", "Se roban ovejas de otras iglesias", etc.

Para muchos, esos sentimientos son el problema que se supone que no debo señalar. Pero si eso es lo que hago, estoy en buena compañía. Jesús lo hizo todo el tiempo. ¿Hemos olvidado lo que pasó cuando los discípulos se despreciaban entre sí?

> *Cuando (Jesús) ya estaba en casa, les preguntó:*
> *–¿Qué venían discutiendo por el camino?*
> *Pero ellos quedaron callados, porque en el camino* ***habían discutido entre sí quién era el más importante****.*
> Entonces *Jesús se sentó, llamó a los doce y les dijo:*
> *–Si alguno quiere ser primero, que sea el último de todos y el servidor de todos.*
> *(Marcos 9:33-35) (énfasis mío)*

Discutiendo sobre quién era el más importante. Realmente no hay nada nuevo bajo el sol. Incluso nuestras pequeñas discusiones se reciclan.

Así que, ¿quiénes son más importantes? ¿Las mega-iglesias con sus hermosas instalaciones, sus ministerios de comunicación, y sus excelentes programas para satisfacer cualquier necesidad imaginable? ¿O las iglesias pequeñas, con su toque personal y sus amistades íntimas?

¿Hay iglesias que son demasiado pequeñas para ser dignas de su existencia? ¿O es posible que las iglesias de cada tamaño tengan sus propias bendiciones para ofrecer, su propio nicho para llenar, y su propia responsabilidad ante Dios de usar los dones que les han sido dados?

¿Una gran iglesia, o una gran iglesia *pequeña*?

Me he dado cuenta de una valiosa verdad en los últimos años. Soy un buen pastor. Y sirvo a una iglesia realmente buena, no sólo a una buena iglesia *pequeña*.

Es interesante, ¿no le parece?, que cuando alguien habla bien de los ministerios de una iglesia grande, dice: "Es una gran iglesia." Pero cuando felicitan a una iglesia pequeña, siempre dicen algo como: "Es una gran iglesia *pequeña.*" O, aun peor: "Es una iglesia maravillosa, *considerando su tamaño.*"

Es como decirle a alguien: "Te ves bien *para tu edad",* ¿no es así? ¿Cómo le hacer sentir ese agregado?

La verdad es que hay iglesias grandes que son fantásticas y hay iglesias fantásticas que son pequeñas.

Yo soy pastor de una gran iglesia. No se necesitan más adjetivos.

A mis amigos que pastorean iglesias pequeñas

La mayoría de las iglesias pequeñas tienen luchas.

Luchamos para pagar las facturas, luchamos para reclutar voluntarios, luchamos con instalaciones inadecuadas o falta de espacio, luchamos por abrir más la puerta de entrada y cerrar más la puerta de salida. Casi todas estas luchas son inevitables. Son sólo el costo de tener una iglesia pequeña.

Sin embargo, hay una lucha que podemos dejar de lado si así decidimos. La lucha de ser algo que no somos.

Ya no necesitamos estar a la altura de las expectativas de los demás o, lo que es peor, de nuestras propias expectativas poco razonables y no bíblicas.

Sí, compañeros aspirantes a saltamontes, hay gigantes en la tierra. Iglesias gigantes con presupuestos gigantes, proyectando sombras gigantes. Pero estos gigantes no son nuestros enemigos. Para usar otro ejemplo bíblico, no son Goliat para nuestro David.

En cambio, necesitamos usar una analogía bíblica más. Quizá las iglesias grandes son el bíceps, mientras que las iglesias pequeñas son el dedo meñique del cuerpo de Cristo. Se trata de cooperación, no de competencia. Necesitamos aprender a ser lo que Dios quiere que seamos, recibiendo las órdenes de nuestra cabeza común. Consigamos algo de comunicación y cooperación entre el dedo meñique y el bíceps. Entonces, tal vez, este cuerpo que es más grande que todos nosotros, pueda realmente comenzar a hacer las "obras mayores"[4] que Jesús prometió que haríamos.

Los celos no son la forma de edificar una gran iglesia de cualquier tamaño. Tampoco lo es el temor, la duda o el odio hacia uno mismo.

En la ilustración del cuerpo que da Pablo en 1 Corintios 12, señala que el desprecio dentro del cuerpo ocurre de dos maneras. Los versículos que solemos citar: "El ojo no puede decirle a la mano: "¡No te necesito!" Ni puede la cabeza decirles a los pies: "¡No los necesito!"" Pero Pablo en realidad comienza la analogía del cuerpo, no con la mención de los miembros que desprecian a otras partes, sino hablando de los miembros que se desprecian a sí mismos.

"Si el pie dijera: "Como no soy mano, no soy del cuerpo", no por eso dejaría de ser parte del cuerpo."[5]

Pablo comienza la metáfora con auto-desprecio, porque en el desprecio propio es donde comienza todo desprecio.

Si no despreciaremos nuestro (pequeño) tamaño, no tendremos ninguna razón de despreciar su tamaño (grande).

A mis amigos que pastorean iglesias grandes

Estamos en el mismo equipo.

Estoy agradecido cuando ustedes nos ayudan, a mí y a otros pastores de una iglesia pequeña. Pero también quiero que sepan que nosotros estamos listos a ayudarles.

Hay mucho que podemos aprender el uno del otro.

Es importante para mí decir que he conocido a muy pocos pastores de iglesias grandes que albergan la actitud expresada por los pastores que describí anteriormente en este capítulo. Cuando los pastores de las mega-iglesias celebran conferencias, sé que lo hacen para proporcionar ayuda a los demás pastores, y muchos ofrecen descuentos, becas y matrícula gratuita para los pastores que no pueden pagar el costo de la conferencia.

Así que no cuestiono los motivos de nadie. Pero sí cuestiono algunas presunciones, porque todos las tenemos.

Incluso ahora, muchos de ustedes tienen una discusión interna debido a mi premisa de que muchas iglesias son llamadas por Dios para ser pequeñas. Nunca convenceré a muchos pastores, de iglesias de todos los tamaños, de que lo pequeño está bien, porque para ellos aceptar lo pequeño es como ceder a la mediocridad. Conozco el sentimiento. Un libro tampoco hubiera sido suficiente para convencerme.

Para los que se encuentran discutiendo que ninguna iglesia debería estar satisfecha con ser pequeña, consideren esto. Todos sabemos que una iglesia grande debe tener ministerios de grupos pequeños. Después de todo, las iglesias debieran crecer y al mismo tiempo desarrollar grupos pequeños. Si es así, ¿por qué son importantes los pequeños grupos?

Quiero proponer que los pequeños grupos son necesarios en las iglesias grandes por las mismas razones que se necesitan iglesias pequeñas en el cuerpo de Cristo. Porque ofrecen oportunidades únicas de compañerismo, ministerio, compromiso, adoración y discipulado, que no se puede obtener si uno sólo forma parte de un grupo más grande.

Ningún pastor desprecia el papel de los líderes de los grupos de hogar en su iglesia, de modo que si esto puede ser de ayuda, veamos a los pastores de iglesias pequeñas como los líderes del grupo de hogar del cuerpo de Cristo.

Nadie necesita compadecerse de los pastores de una iglesia pequeña, porque nuestra iglesia es pequeña, como tampoco nos compadeceríamos de los líderes de los grupos pequeños porque sus grupos son pequeños. Ser pequeño es gran parte del porqué existen esos grupos y por qué funcionan. Lo mismo se aplica a las iglesias pequeñas. Ser pequeño es parte importante del porqué de nosotros y de por qué nuestros ministerios funcionan. Muchos de nosotros sentimos gran satisfacción en el ministerio porque sabemos que cumplimos un rol en el reino de Dios que sólo nosotros podemos cumplir.

Creo que tenemos que celebrar los ministerios que ven crecimiento numérico, especialmente si ese crecimiento no es de transferencia. Pero mientras celebramos esos crecimientos, necesitamos encontrar una forma de celebrar los éxitos menos visibles de las iglesias cuyos números de asistencia al culto dominical no parecen cambiar mucho de año en año.

A todos mis amigos que pastorean iglesias grandes que están creciendo, no quiero que se incomoden por mí. La próxima vez que hablemos de cómo van nuestros ministerios, no es necesario que cambien de tema, que busquen animarme, o que desvíen la mirada torpemente cuando les diga que nuestra asistencia al culto dominical tampoco ha crecido este año. No me siento mal por eso, y a ustedes tampoco debiera incomodarles.

El hecho de que mi iglesia sea pequeña no significa que no haya alcanzado mi potencial. Estoy donde quiero estar, y estoy bastante seguro de que es donde Dios quiere que esté.

Estoy feliz por ustedes y por las iglesias grandes, y espero que puedan gozarse por mí y la iglesia que pastoreo, porque ciertamente yo estoy feliz.

Si no está roto...

Un amigo mío, que ha pasado décadas de ministerio en América Latina, ha estado en medio de uno de los mayores avivamientos del mundo. A lo largo de América Latina, la gente está llegando a un conocimiento salvador de Jesucristo, hay sanidades, y comunidades completas transformadas por el evangelio. Casi totalmente en iglesias pequeñas.

Los expertos en crecimiento de la iglesia han estado viajando allá durante años para estudiar este avivamiento fenomenal y algunos han informado sus hallazgos a mi amigo. ¿Sus conclusiones? El avivamiento es legítimo, teológicamente sólido y culturalmente orgánico. Sólo hay un problema, según estos expertos. Las iglesias son demasiado pequeñas. Así que los expertos le han propuesto a mi amigo[6] que se deben realizar más estudios para "solucionar" este "problema".

Claro, podríamos "solucionar" el problema de las iglesias pequeñas que surgen diariamente en toda América Latina. El resultado sería el mismo que cuando mi veterinario operó a mi perro. Lo domesticamos, lo hicimos menos agresivo y más pasivo, y garantizamos que nunca se reproduzca.

Pequeño ≠ roto.

Podemos hacerlo mejor

De acuerdo, compañeros pastores de una iglesia pequeña, ahora que terminamos con todas estas quejas de que "todo el mundo me trata mal", ¿qué vamos a hacer al respecto?

Comencemos por reconocer lo que todos sabemos. Muy pocos de nosotros estamos cerca de cumplir la misión a la que hemos sido llamados y de hacer todo lo que somos capaces de hacer. Sí, se está haciendo mucho más buen ministerio en las iglesias pequeñas de lo que tenemos conocimiento, pero la moneda también tiene otra cara.

Muchas iglesias pequeñas no son muy buenas, y por eso son pequeñas.

Somos saltamontes por decisión propia.

Podemos hacer un mejor trabajo. Mucho mejor. Tenemos que hacerlo.

Cómo hacer esto es de lo que se trata en los últimos dos tercios de este libro.

Capítulo 5

Por qué necesitamos iglesias de todo tamaño

Cada tamaño de iglesia tiene valor.

El mito del saltamontes no es el resultado de *ser* pequeño. Viene de *sentirse* pequeño y creer en esos sentimientos.

Las iglesias pequeñas han descubierto quiénes son y cómo utilizar sus dones únicos. Eso incluye las ventajas que surgen, no a pesar de su tamaño, sino *debido a* su tamaño.

Envidia por el tamaño de *IKEA*

Aquí sigue una breve parábola de dos empresas comerciales totalmente opuestas en tamaño, con la que ilustraremos la diferencia entre mega-iglesias e iglesias pequeñas. Una es *IKEA* la otra es *Starbucks*.

No todos han oído hablar de *IKEA,* porque sus tiendas son tan grandes que requieren de considerable población para que se establezcan. No hay cabida para esta empresa en ciudades pequeñas, tampoco en muchas ciudades grandes. En ese sentido se parecen a las mega-iglesias.

Hay muchos más establecimientos *Starbucks* en el mundo que las tiendas *IKEA*, lo mismo que las iglesias pequeñas. *Starbucks* es una cafetería cuyo café cuesta más de lo común; pero que a pesar de ello se ha hecho muy popular.

IKEA y *Starbucks*.

Hace 20 años casi nadie había oído hablar de estas dos empresas. Hoy, cada una de ellas domina su sector del mercado y se han convertido en marcas internacionales icónicas.

No tienen nada en común. Excepto su éxito.

IKEA vende muebles para armar en almacenes masivos (algunos tan grandes que uno se pregunta si son visibles desde el espacio) con flechas en el piso para ayudar al cliente a navegar el laberinto de opciones. La gente se siente feliz porque sus muebles cuestan mucho menos de lo que se solía pagar.

Starbucks vende café hecho a la medida en *pequeñas* cafeterías (algunas tan pequeñas que caben meticulosamente en la esquina de otro establecimiento), con un relajado ambiente de "siéntate donde quieras". La gente se siente feliz y paga *más* por una taza de café de lo que solía pagar.

Nadie en su sano juicio miraría a ninguno de estos modelos comerciales y lo consideraría un fracaso.

Si el mundo corporativo viera el éxito y el crecimiento de la misma forma que lo hacen muchos pastores, se podría imaginar a los ejecutivos de *Starbucks* reuniéndose para su planificación anual y escuchar el siguiente informe de su grupo de trabajo sobre crecimiento:

Actualmente, la cafetería promedio de Starbucks tiene menos de 800 pies cuadrados. Hemos enviado a nuestros espías con cintas métricas y han descubierto que los almacenes promedio de IKEA superan ampliamente los 100.000 pies cuadrados. ¡Algunos son tan grandes como de 200.000 pies cuadrados! Nuestra tendencia actual de ubicar a Starbucks dentro de otras empresas, como supermercados, lugares de entretenimiento y bancos, está reduciendo aún más el tamaño promedio de nuestras cafeterías.

En opinión de este grupo de trabajo, esto es simplemente inaceptable. Si esperamos competir con IKEA, tenemos que aumentar el tamaño de la ubicación promedio de Starbucks, ¡y tenemos que comenzar AHORA!

En los folletos que entregamos, encontrarán una estrategia multianual que, en opinión de este grupo de trabajo, debemos implementar de inmediato:

- *Realizar seminarios de cómo incrementar la cafetería, que deben comenzar de inmediato. Es vergonzoso que la mayoría de nuestros franquiciados sepan poco o nada sobre cómo edificar una cafetería más grande, y la mayoría se contenta con seguir sirviendo café en la misma ubicación pequeña.*
- *Lanzar una campaña de "Cafeterías más grandes producen mejor café" para motivar el crecimiento de las cafeterías y fomentar la adquisición y el lanzamiento de nuevas propiedades de cafeterías grandes.*
- *Requerir que todas las cafeterías de Starbucks que actualmente alquilan espacio dentro de otra tienda minorista compren sus propias propiedades para una cafetería Starbucks independiente más grande, siguiendo nuestra línea de tiempo de cinco años.*
- *Eliminar los franquiciados cuyas cafeterías no cumplen con un límite mínimo de las medidas propuestas y combinar sus activos con las cafeterías cercanas para comprar un terreno y edificar una cafetería más grande.*
- *Cambiar el nombre de Starbucks a STARBUCKS.*

¡Consiga su propia misión!

Ahora bien, ¿qué quiero decir con esta breve parábola? ¿Que las iglesias pequeñas no deberían tratar de crecer? Obviamente, no.

Mi opinión es que cada iglesia tiene su propia misión y que no debe tratar de duplicar la misión de otra iglesia, no importa cuán exitosa o grande sea esa otra iglesia.

Starbucks es genial en ser *Starbucks*. *IKEA* es genial en ser *IKEA*.

Son tan diferentes que ni siquiera compiten entre sí. Tampoco las mega-iglesias y las iglesias pequeñas deben competir.

Starbucks tratando de ser *IKEA* es innecesario. *Starbucks* tratando de ser *IKEA* sin dejar de ser *Starbucks* (o *STARBUCKS*) es una broma.

Algunas iglesias ofrecen un producto y lo preparan bien. Otras ofrecen múltiples productos para diferentes gustos. Algunas iglesias ofrecen opciones personalizadas que les permiten a todos explorar las verdades bíblicas a su propio ritmo. Otras son altamente estructuradas de tipo *IKEA*, con "flechas en el piso", que ofrecen un enfoque más ordenado.

¿Cuál es el mejor enfoque?

Todos ellos.

Y ninguno de ellos.

Cada tipo tiene algo para alguien, mientras que aun las *mejores* iglesias no calzan a todos. Muchas personas, a quienes les encanta la forma en que *Starbucks* hace negocio, *no soportan* la forma en que lo hace *IKEA*, y viceversa. Aún otras personas objetan la naturaleza corporativa de ambas empresas, y prefieren apoyar a los establecimientos locales del vecindario que no tienen respaldo corporativo.

La gente ve a las iglesias de la misma manera.

Así como *Starbucks* e *IKEA* tienen diferentes tipos de negocios, las diferentes iglesias tienen diferentes misiones. Las cafeterías de *Starbucks* son pequeñas, no porque estén fallando, sino porque eso es lo que funciona para ellas, sus productos, sus clientes, y las personas que esperan ver como clientes.

Lo que resulta perfecto para uno puede no resultar para otro. Ningún estilo resulta bien en todas partes. No hay una talla para todos.

Nuestro problema puede no ser un problema

Como vimos anteriormente, el 93% de las iglesias estadounidenses son más pequeñas que 350, y el 85% son más pequeñas que 200[1]. ¿Qué si esos porcentajes no son un problema? ¿Y si esa es la forma en que se supone que deba ser?

¿Qué si Jesús, al decir: "edificaré mi iglesia"[2], no vio un mundo lleno solamente de mega-iglesias y grandes catedrales? ¿Qué si Él vio un mundo con algunas mega-iglesias y catedrales, un número mayor de iglesias medianas y grandes, y cientos de miles de pequeñas "capillas" repartidas por todo el mundo, en cada una de las comunidades?

Según Reggie McNeal, "la mitad de los congregantes asisten a iglesias en el diez por ciento superior del tamaño de iglesias"[3]. Eso significa que la otra mitad asiste a iglesias en el bajo 90% del tamaño de iglesias, con menos de 350 personas. En cualquier industria de servicios, si la mitad de las personas se sintieran atraídas por una forma específica de recibir lo que se ofrece, encontrarían maneras de servir a esas personas de acuerdo con sus necesidades elegidas en lugar de tratar de convencerlas de que está mal lo que desean.

Como pastores, constantemente decimos a los hermanos que estén satisfechos con la forma en que Dios los hizo, que descubran sus dones y su propósito, y que hay un lugar para todos en el cuerpo de Cristo, sea lo que puedan o no hacer. Tal vez es hora de tomar una dosis de nuestros propios consejos, pastores y líderes, y averiguar lo que está *bien* con la proporción actual de iglesias pequeñas e iglesias grandes.

Un reciente comercial de *American Express* declaró: "Los empresarios son la fuerza más poderosa de la economía; la reinvención de los negocios comienza con ellos." Nadie se opone a esto. Las pequeñas empresas son el motor que impulsa cada economía. Creo que lo mismo puede decirse de las iglesias pequeñas en relación con la iglesia en general. ¿Podría ser que las iglesias pequeñas, si tuvieran la libertad de ser lo que deberían ser, pudieran tener ese mismo impacto en el mundo por el bien del evangelio?

Tal vez, en lugar de que las iglesias pequeñas trataran de imitar a las iglesias grandes, las iglesias pequeñas debieran ser saludables y vibrantes y comenzar a ser dignas de imitar.

Por qué a muchos les gusta las iglesias pequeñas y las medianas

A muchas personas les gusta una iglesia del tamaño de *IKEA*. La mayoría prefiere una al tamaño de *Starbucks*.

Cuando salgo de vacaciones me inclino hacia las iglesias de tipo *IKEA*, por las mismas razones de que me gusta alojarme en un hotel de marca en vez de un lugar cualquiera. No necesito opulencia (soy pastor de una iglesia pequeña, no puedo *permitirme la* opulencia); pero quiero un mínimo de excelencia y limpieza, sin sorpresas.

Como no tengo muchos fines de semana libres, cuando visito una iglesia en mis vacaciones me gusta tener cierta seguridad de que haya un nivel básico de calidad. Sé que lo conseguiré en una mega-iglesia porque no se puede llegar a un tamaño mega sin serio control de calidad. Claro, voy a perder algunas sorpresas y un encanto local, pero estoy dispuesto a renunciar a esto por tener coherencia.

Tengo suficientes sorpresas cuando estoy de vacaciones en algún lugar donde nunca he estado. En la iglesia y en mi hotel quiero familiaridad, calidad y comodidad. Quiero buen servicio. Quiero que el personal sonría, que se porte como si fuera la mayor alegría del mundo servirme y satisfacer todos mis caprichos. Pero no espero que piensen en mí una vez que salgo por la puerta.

Cuando vuelvo a casa no quiero vivir en un hotel, ni siquiera uno agradable. Algunos lo hacen, pero la mayoría es como yo. No quiero sentirme como un invitado en mi casa o en mi iglesia. Quiero vivir en un hogar más pequeño y menos perfecto que el *Hilton*.

Cuando estoy en casa no necesito ni quiero que me cambien las sábanas todos los días. Tampoco quiero que se programe mi estado de ánimo cuando voy a la iglesia. No quiero que se intente controlar cómo me siento o, peor aún, que se me diga lo que *debo* sentir. Déjenme sentir cómo me siento, y dejen que yo, mis contactos con los demás y el Espíritu Santo establezcan el tono y el estado de ánimo.

Quiero sentir intimidad y un ambiente acogedor en mi hogar y en mi iglesia. Quiero ser participante en el proceso, no un cliente. Estoy dispuesto a vivir con un poco de desorden y algo de fragilidad si eso es lo que se necesita para que me sienta en casa, necesitado y amado. Y quiero que me echen de menos cuando no estoy cerca.

Los hermanos tienen mucho que decir en lo que pasa

Según un estudio reciente, "los que asisten a mega-iglesias son más propensos a ofrecer menos servicios voluntarios, a contribuir menos económicamente..."[4] que sus contrapartes de una iglesia pequeña. El estudio cita evidencia de que el 45% de los asistentes a una mega-iglesia nunca ofrecen su tiempo en la iglesia, el 32% no aporta nada o muy poco en la ofrenda, el 40% no pertenece a un pequeño grupo, y el 42% admite tener muy pocos amigos cercanos en la iglesia.

En otras palabras, las mega-iglesias son como el resto de nosotros. También tienen problemas.

Tiene sentido que las iglesias pequeñas en general tengan más problemas con el control de calidad y el cumplimiento de presupuestos. También tiene sentido que una de las razones de que alguien vaya a una mega-iglesia es porque puede desaparecer entre la multitud; puede observar en vez de participar. Eso no es tan fácil hacer en una iglesia pequeña.

Una de las razones de que las personas van a iglesias pequeñas es que su tamaño más pequeño les permite participar más personalmente en lo que pasa. Saben que importan.

El deseo de sentirse necesitado es un instinto humano esencial. Las mega-iglesias pueden ofrecerle a la cansada madre soltera o al presionado ejecutivo la oportunidad de finalmente, por una hora más o menos el domingo por la mañana, *no* sentir las exigencias de ser necesitado. Las iglesias pequeñas dan a las personas que pasan la semana emboscadas en su trabajo o solas en la casa, el sentir de que a alguien le importan, de que lo que hacen importa, y de que se les extraña cuando faltan al culto.

En estos se edifica el reino de los cielos.

Capítulo 6

¡Qué de malo tiene el crecimiento de la iglesia?

¿Qué de malo tiene el crecimiento de la iglesia?

En una palabra, nada.

Pero hay algunos problemas significativos con las *estrategias de* crecimiento de la iglesia que hemos estado usando durante la última generación más o menos.

No soy el único que piensa eso. Se ha hecho investigación.

En *The Present Future [El presente futuro],* Reggie McNeal ofrece una sarcástica acusación del movimiento de crecimiento de la iglesia y su obsesión por los números. Él cree, al igual que yo, que si bien hubo algo bueno que surgió de este movimiento, hubo también daños producidos. A pesar del deseo de los defensores del crecimiento de la iglesia, de estrategias que lleguen a los inconversos, no parece ser la forma en que se produce. Reflexionando sobre algunos análisis estadísticos muy confiables, McNeal concluye que, "con raras excepciones, el "crecimiento" aquí fue la canibalización de las iglesias de menor membresía por parte de estas súper-iglesias emergentes"[1].

Además, no sólo yo me he sentido menospreciado por la obsesión del movimiento de crecimiento de la iglesia con los números. Éste, y el correspondiente "aumento de la cultura de celebridad de la iglesia –según McNeal–, ha creado miles de pastores y líderes "perdedores", que no están prestando servicio en iglesias de alto perfil y alto crecimiento. En consecuencia, gran parte del liderazgo de la iglesia norteamericana sufre de debilitamiento e incluso de depresión fomentada por la falta de significado. El ejército de Dios tiene muchos líderes desmoralizados"[2].

Los saltamontes se están multiplicando.

Desde mi punto de vista, hay cuatro problemas que nos han plagado en la obsesión con el crecimiento numérico en la iglesia.

Problema 1: está orientada al crecimiento, no a la salud

Aunque casi todas las estrategias de crecimiento de la iglesia afirman que la salud es su objetivo, siempre se da por supuesto que una vez que la iglesia esté saludable, crecerá numéricamente.

Los testimonios suelen ser más o menos así: "Mi iglesia luchó durante años para tratar de crecer, luego fui a esta conferencia (o leí ese libro) y decidí no preocuparme más por el crecimiento. Iba a aplicar los principios aprendidos, sumergirlos en oración, y dejar que Dios se encargue del resto. Una vez que dejé de *preocuparme* por el crecimiento, *comenzamos a* crecer. Ahora les mostraré los planes para nuestro nuevo lugar de adoración en el centro comercial."

No tengo dudas de que esto haya sucedido. Y estoy realmente agradecido a Dios por las vidas cambiadas debido a las iglesias sanas y en crecimiento. Pero el resultado final de estos testimonios sigue siendo el crecimiento numérico.

La salud de la iglesia no se ve como el resultado final, sino como un medio para un fin. Ese es un problema. La salud debe ser el objetivo.

Como alternativa, permítame dar el mismo testimonio, cambiando algunos componentes, contando mi experiencia.

"Mi iglesia luchó durante años para tratar de crecer. Fui a conferencias y leí libros, pero mi iglesia no creció, a pesar de todo mi trabajo y oración. Muy frustrado, decidí que ya no iba a preocuparme por el crecimiento. Sólo iba a predicar la palabra, alimentar al rebaño, ministrar a la comunidad, y dejar que Dios se ocupara del resto. Una vez que dejé de preocuparme por el crecimiento, mi iglesia y yo empezamos a recuperar la salud nuevamente. Han pasado casi cinco años, y todavía no hemos tenido un gran crecimiento numérico, y no lo espero, porque parte importante de estar sano es que nos damos cuenta de quiénes somos. Somos una iglesia pequeña y soy el pastor de una iglesia pequeña. Ahora les contaré acerca de algunos de nuestros ministerios salutíferos, que nunca podríamos haber hecho si hubiéramos seguido concentrando nuestras energías en convertirnos en una iglesia grande."

La salud se ha convertido en nuestro objetivo; para nosotros y para aquellos a quienes ministramos. Los cultos de fin de semana con crecimiento numérico quizá nunca los veamos. Aceptamos eso.

Problema 2: está orientada a problemas

Una de las mejores conferencias (y libros que he leído) a las que he asistido fue de Christian Schwarz, sobre la estrategia de *Desarrollo natural de la Iglesia*. Lo que diferenció sus principios de las estrategias que precedieron fue que realmente trató de resolver el *Problema 1,* para que la iglesia sea más orientada a la salud que al crecimiento. Como señaló en la conferencia, el título de su libro y la estrategia que presenta es el ***Desarrollo*** *natural de la Iglesia*, y no ***Crecimiento*** *natural de la Iglesia.*

Lo que *no fue* diferente en su estrategia es que, como todos los demás, estaba orientada a los problemas. El enfoque, como de costumbre, fue *encontrar la causa del problema y solucionarlo*. Mientras que las causas fueron diferentes para cada iglesia, el problema era siempre el mismo: la iglesia es demasiado pequeña.

El problema con la orientación al problema (y no, la ironía de describir los problemas con una orientación al problema en una sección donde estoy enumerando cuatro problemas no se me escapa) es que supone que ser pequeño es un problema, sin considerar ninguno de los aspectos positivos de ser pequeño.

En lugar de estar orientados a los *problemas*, tenemos que ser... no, no lo lea antes de que lo escriba, no voy en esa dirección. Estar orientado a *soluciones* no es mejor, porque para empezar no se necesita encontrar una solución a algo que no sea un problema. Una orientación a soluciones aún supone que ser una iglesia pequeña es un problema, ¡y esa *suposición* es un problema!

En lugar de considerar a las iglesias pequeñas como lugares llenos de problemas que necesitan ser resueltos, con paredes que necesitan ser escaladas, con barreras que deben romperse o ministerios que necesitan ser reparados, tal vez deberíamos empezar a ver algunas de las ventajas de ser pequeños.

Muchos libros de ayuda pastoral citan la maravillosa parábola del libro *Soar With Your Strengths [Vuela con tus fuerzas]*[3] sobre la escuela de animales. En esta escuela, un pequeño conejo se destacó en las clases de correr y saltar, pero no pasó las pruebas de vuelo y natación. Le dijeron que necesitaba esforzarse en sus áreas débiles, por lo que lo sacaron de la clase de carrera y doblaron sus clases de natación. Como resultado, el conejito tenía el ánimo por los suelos. Nunca mejoró en natación y comenzó a odiar todo en la escuela. La lección de la parábola y del libro es que los patos deben nadar, las águilas tienen que volar, y los conejos deben correr. Todos debemos hacer lo que hacemos bien sin preocuparnos por las cosas que no somos.

Ahora, déjame volver al pensamiento que interrumpí a mitad de la oración hace tres párrafos.

En lugar de estar orientados a un *problema*, necesitamos estar (aquí viene) orientados hacia las *fortalezas*. Necesitamos aplicar los principios de *Vuela con tus fuerzas* a iglesias pequeñas. Deje de preocuparse por lo que las iglesias pequeñas *no* saben hacer y comience a apreciar y promover lo que *hacemos* bien.

El refuerzo positivo es una herramienta poderosa. Y no me refiero a hacer alarde propio: "soy muy bueno, soy muy inteligente, y la gente me quiere", fingiendo ser genial sin tener nada con qué respaldarlo. Quiero decir, veamos cuáles son algunas de las ventajas de iglesias pequeñas. Sí hay esas fortalezas. Las he visto en acción. Hablaremos de algunas de ellas en el capítulo *Solamente en una iglesia pequeña*, pero por ahora tenemos otro problema que abordar con el movimiento de crecimiento de la iglesia (una vez más, la ironía).

Problema 3: tiene un enfoque demasiado limitado

"¡Jesús quiere que la iglesia crezca!"

Estoy de acuerdo. ¿Cómo no estaría de acuerdo? Jesús fue quien dijo: "edificaré mi iglesia", y he descubierto que para mi bienestar o felicidad no debo discutir con Él.

"¡Jesús quiere que *tu* iglesia crezca!"

Espere un momento.

A menudo hacemos esa segunda declaración como si fuera igual a la primera. No lo es.

El movimiento de crecimiento de la iglesia tiende a centrarse en el crecimiento de congregaciones individuales. A veces eso se expande, generalmente debido a una estrategia denominacional, para incluir un plan de múltiples iglesias, con fundación de iglesias; pero un enfoque denominacional también es demasiado limitado.

¿Y si, como dije antes, cuando Jesús dijo: "edificaré mi iglesia", lo que tenía en mente no era un mundo lleno de grandes catedrales y mega-iglesias? ¿Y si el desglose actual de 90% de iglesias pequeñas a 10% de medianas, grandes y mega, en lugar de ser un problema para resolver, está realmente más cerca de lo que Jesús pretendía?

Si esa es incluso una posibilidad, ¿no deberíamos considerar la idea de tomar más en serio a las iglesias pequeñas?

Quizá la idea de que las iglesias pequeñas se conviertan en iglesias grandes no es la respuesta a los problemas que han estado sofocando el crecimiento de la iglesia occidental en las últimas décadas. Después de todo, en los lugares donde la iglesia está creciendo más rápidamente, como en América Latina y África, están surgiendo iglesias pequeñas por todas partes. Es cierto que también tienen mega-iglesias, pero no son las mega-iglesias que están produciendo algunos de los mayores avivamientos que el mundo jamás ha visto. Está pasando principalmente en las iglesias pequeñas.

Tal vez lo que Jesús tenía en mente era un mundo lleno de iglesias de todo tamaño, forma y estilo para satisfacer las necesidades de todos los tamaños, formas y estilos.

Cuando mi visión se limita a hacer crecer *mi* iglesia, en lugar de participar en lo que Jesús está haciendo para edificar *su* iglesia, la tendencia es a invertir nuestros preciosos recursos, tanto humanos como materiales, en lugares equivocados. Si se supone que la iglesia que pastoreo debiera ser un puesto de combate al estilo guerrillero, no soy un buen administrador de los recursos si dedico tiempo, energía y dinero para tratar de hacerla una mega-iglesia.

Entonces, surge la pregunta: si las iglesias pequeñas pueden ser tan grandiosas, ¿por qué parece que hay tantas iglesias pequeñas, pero muy pocas *grandiosas* iglesias pequeñas?

En primer lugar, sólo es así en el mundo occidental, no en los países en desarrollo. Pero en los lugares donde *es* cierto, una de las razones tiene que ser nuestra insistencia de décadas en el crecimiento numérico como una medida (o *la* medida) del éxito. ¿Cómo se supone que el pastor de una iglesia pequeña edifique una gran iglesia si los miembros no saben que su iglesia puede ser una gran iglesia *a la vez que* una iglesia pequeña?

Problema 4: el tamaño sí importa, pero no como creemos que importa

Según Lyle Schaller, "las iglesias tienen más en común por su tamaño que por su denominación, tradición, ubicación, tiempo, o cualquier otro factor aislable"[4]. Si es así, y creo que sí lo es, tenemos que empezar a pensar de esa forma sobre el crecimiento de la iglesia en todo el mundo.

¿Qué características comparten las iglesias dentro de un rango de tamaño? ¿Y qué hace que esas iglesias se adapten idealmente a ciertas funciones en el cuerpo de Cristo? No estoy sugiriendo alguna forma de estructura organizativa centralizada. Pablo dio una analogía clara del cuerpo, de que tenemos una cabeza y muchos miembros. Y esa cabeza es Cristo, no una burocracia centralizada. Pero los miembros necesitan comenzar a pensar de manera más integral. Un paso crítico hacia ese pensamiento integral es comenzar a ver las ventajas de diferentes tamaños y estilos de congregaciones.

Dejemos de discutir sobre qué tamaño es *mejor,* y empecemos a ver lo mejor de cada tamaño.

Específicamente, ¿qué tienen las iglesias pequeñas en común? ¿Y qué de su naturaleza y estructura las hace idealmente adecuadas para su lugar único en el cuerpo de Cristo?

En otras palabras, ¿qué pueden hacer las iglesias pequeñas que las iglesias grandes no pueden hacer?

Capítulo 7

Solamente en una iglesia pequeña

Hay muchas cosas que las iglesias grandes pueden hacer que no pueden hacer las pequeñas. Reuniones de grupos grandes, cruzadas de evangelismo regional, conciertos de renombre, conferencias y reuniones que abarcan toda la ciudad, por ejemplo. Las iglesias grandes también tienen el espacio y el cuerpo docente para administrar escuelas, colegios y universidades. Las iglesias grandes pueden reunir recursos masivos cuando se necesita un despliegue a gran escala de gente y dinero para responder a un desastre. Cada semana tienen la capacidad de ofrecer múltiples opciones para los fieles, cosas que las iglesias pequeñas nunca podrían duplicar.

También hay cosas grandiosas que las iglesias pequeñas pueden hacer que no pueden hacer las grandes.

Como ejemplo, no hace mucho, tuve una conversación que me recordó por qué pastoreo una iglesia pequeña. Acababa de concluir los servicios del domingo por la mañana cuando un joven de veintitantos años se me acercó con una expresión de preocupación en el rostro.

Me preguntó si podíamos hablar y le dije que lo haría con gusto. Entonces, después de estrechar algunas manos de gente que salía del edificio, lo llevé a mi oficina, donde me dijo que era la primera vez que había estado en esta iglesia.

Había crecido en otra parte del estado, pero recientemente se había mudado aquí para ir a la universidad. Dejó de asistir a la iglesia cuando comenzó a ir a fiestas con algunos nuevos amigos. Durante el último año había estado siguiendo la pista de estos nuevos amigos y se acostaba con cualquier chica que podía encontrar, y había encontrado muchas. Durante las últimas semanas había estado de vacación de los estudios y estaba alojado en un pueblo cerca de nuestra iglesia, donde estaba cumpliendo un proyecto de estudio y trabajo. De noche, chateaba con chicas en línea y luego se encontraban para tener relaciones sexuales.

–Anoche –me dijo–, me reuní con una chica que conocí en línea. Cuando empezamos las relaciones descubrí que... –me miró con susto y vergüenza–, descubrí que no era una mujer.

Las lágrimas comenzaron a correr por sus mejillas.

–Pastor, ¿cómo dejé que esto sucediera? ¿Cómo llegué a tal punto que alguien pudo engañarme de esa forma? Soy cristiano. ¿Por qué estoy haciendo esto?

Dejé que se desahogara de todo. La culpa, la ira, el dolor. Durante unos cinco minutos derramó su corazón, a un hombre que no conocía, hasta que lo vacío todo. Terminó con esta pregunta:

–Pastor, ¿cómo me he vuelto tan débil?

–No eres débil –le dije–. Lo que acabas de hacer en los últimos diez minutos es algo de lo más audaz que he visto en mi vida. Entraste en una iglesia extraña, te acercaste al pastor, y luego le confesaste los pecados más grandes de tu vida. No tenías idea de lo que sería mi respuesta. No sabías si me disgustaría o si tendría compasión, si me enojaría o si tendría misericordia. Si tienes suficiente fuerza para hacer esto, tienes suficiente fuerza para resistir cualquier tentación que se te presente. Sólo necesitas arrepentirte de este comportamiento, volver a seguir a Cristo, y luego, con el ánimo que has demostrado hoy, haz lo debido, a pesar de lo que tus nuevos amigos quieran que hagas. Ah, y busca nuevos amigos.

Lo acompañé en una oración de arrepentimiento, le aseguré que tenía el perdón de Dios, y lo alenté a que sea el hombre de Dios que era seguro que podía ser.

Antes de que se fuera, le pregunté por qué había venido a nuestra iglesia. En el condado de *Orange,* California, hay muchas opciones de iglesias.

–Busqué en internet –me dijo–. Quería que sea una iglesia pequeña, porque sabía que era el único lugar donde podría reunirme con el pastor un domingo por la mañana sin pedir cita.

–No necesitas un pastor para confesar tus pecados –le recordé–. Aquí hay muchas buenas iglesias donde pudieras haberte reunido con alguno de los consejeros, tan fácilmente como pudiste hablar conmigo.

–Lo sé –dijo–. Pero para un problema como éste, no quería hablar con un consejero. Hablar con un pastor era la única forma de saber cuán seriamente tenía que tomar esto. Gracias por verme.

Nos dimos la mano y él salió de mi oficina a un pasillo de la iglesia ahora silencioso; los hermanos ya se habían ido. Al caminar por el edificio, revisando las puertas y las luces, sonreí.

Solamente en una iglesia pequeña, pensé.

No hay un tamaño ideal de iglesia. Cada tamaño satisface las necesidades de las personas que la buscan. Pero, si bien hay muchas cosas que las iglesias grandes pueden ofrecer, que las pequeñas no pueden dar, también hay algunas cosas que las iglesias pequeñas pueden ofrecer que las grandes no pueden dar. He aquí algunas.

Mi pastor sabe mi nombre

Como se ilustró en el ejemplo anterior, solamente en una iglesia pequeña todos tienen acceso directo al pastor.

Algunas personas no sienten la necesidad de dicho acceso, pero muchas, sí. Muchas iglesias grandes y mega tienen grupos hogareños que brindan atención pastoral a sus miembros. Pero algunas personas –la mayoría, por lo que he visto– prefieren recibir atención pastoral del hombre o la mujer que predica los domingos. Podemos explicarles el modelo ranchero de crecimiento de la iglesia todo lo que queramos, pero la mayoría sigue con esta extraña y frustrante necesidad de ser pastoreada por su pastor.

Es una de las razones por las que decidí ser pastor. No quiero ser administrador; quiero estar disponible los domingos. No quiero que haya tres secretarias o asociados entre mí y un miembro de la congregación durante la semana laboral. Y estoy cansado de que me digan que este deseo significa que de alguna manera estoy limitando la obra de Dios en lugar de hacer la obra de Dios.

Muchos, y creo que la *mayoría,* de los que asisten a una iglesia pequeña lo hacen en gran parte porque quieren tener acceso personal a alguien que pueda guiarlos en lo que significa ser un creyente en crecimiento. Alguien que los desafíe personalmente porque los conoce. No les importa si la predicación no es de las más grandiosas, si la música es de segunda, si los locales no son perfectos, u otros problemas que sean de una iglesia pequeña, si saben que pueden llamar a alguien que estará disponible personalmente para asesorar, aconsejar, animar, o simplemente para ayudar cuando necesiten alimento espiritual, o alguien ante quien ser responsable de sus actos.

Realmente creo en el sacerdocio de todos los creyentes. Así que, entiendo que mis oraciones como pastor no tienen mayor efecto que las de cualquier otro creyente. Pero también sé que el liderazgo y el llamado importan. Por esto, les importa a muchos que el pastor personalmente ore por ellos, que los asesore, y que los visite cuando están enfermos.

Muchos creyentes reciben todo el alimento espiritual que necesitan entre la multitud de una iglesia grande, con excelentes comodidades y magnífica enseñanza bíblica, mientras reciben el toque personal en un grupo hogareño o de un consejero de la iglesia. Pero la mayoría de los hermanos quieren ser guiados por el líder; quieren saber que le importan al pastor.

Creo que esta es una de las razones de que la mayoría de los hermanos creyentes asisten a una iglesia pequeña. No es porque no tienen mejores opciones. Por ejemplo, hay al menos media docena de mega-iglesias de fama mundial a poca distancia de nuestro templo. Pero los hermanos de "mi" iglesia vienen a escucharme a mí todas las semanas. ¡A *mí!*

No es porque soy el mejor predicador en el condado. (Tampoco soy mediocre.) Es porque cuando nos encontramos en el supermercado, los saludo por su nombre.

El pastor como miembro de la iglesia

Soy miembro de mi iglesia, no solamente su pastor.

La próxima vez que tenga un problema que necesite resolver, no quiero pagar a alguien por hora para que sea mi amigo. Quiero hablar con un amigo de mi iglesia, como todos los demás hacen. Los rancheros no pueden hacer eso. Los pastores, sí lo pueden.

Esta es también "mi" iglesia, y quiero ser parte de toda la alegría, la diversión y la amistad que tiene que ofrecer. Si pastoreara una mega-iglesia, perdería las oportunidades que ahora tengo de pasar un rato en el vestíbulo con amigos, antes y después de los cultos, o de saludar a un grupo de muchachos con quienes compartí la cabaña en el último retiro de varones. Es importante que al oficiar en la boda de una joven pareja, pueda sonreír a los padres de la novia, sentados con orgullo en la primera fila, mientras los tres recordamos el día en que estuvimos en el mismo escenario para dedicarla al Señor cuando era bebé.

En más de veinticinco años de ministerio pastoral, he hablado con cientos de compañeros pastores sobre nuestros mutuos desafíos en el ministerio. Me he dado cuenta de que muchos pastores de iglesias grandes encuentran sus principales amistades entre otros pastores de iglesias grandes. Eso es comprensible. Sus vidas se entrecruzan de muchas formas y tienen mucho que ganar de tales relaciones. Pero también he notado que tienen que esforzarse mucho más para mantener su equilibrio espiritual, porque cuanto más grande sea la iglesia, menos beneficio espiritual reciben de la misma.

Es un verdadero dilema para los pastores de iglesias grandes. Cuanto más grande sea la iglesia, tanto más debe cambiar el papel pastoral, de pastor a supervisor administrativo.

Hace un par de años tuve una experiencia que me dio una comprensión más clara de este dilema. En la conferencia *Catalyst* del 2010 celebrada en Irvine, California, un pastor me ofreció un boleto para asistir a un almuerzo exclusivo con Andy Stanley, el fundador de *Catalyst*. Fue una gran oportunidad para sentarme con otras treinta personas para hacerle algunas preguntas personales a Andy.

En ese contexto, Andy Stanley nos contó una historia que, para mí, ilustró una de las grandes diferencias entre las filosofías de la iglesia pequeña y las de la iglesia grande.

Recientemente, una hermana relativamente nueva de su iglesia se le acercó y fue muy persistente en querer programar una reunión personal con él. Su respuesta, como él nos dijo, fue decirle que no podía tener sesiones personales con miembros de la iglesia porque eran demasiados.

Luego nos dijo que, si otra vez le hicieran un pedido similar, diría que la razón de que no podía reunirse con la persona era la razón por la que a ella le gustaba tanto la iglesia. A saber, la iglesia había crecido tanto, y significaba tanto para tanta gente, porque él dedicaba su tiempo a la supervisión del personal de los ministerios en lugar de cuidar de las necesidades personales de cada miembro.

Lo entiendo. Aprecio la necesidad de eso.

Pero yo no pudiera hacerlo.

No es culpa de nadie. No de Andy Stanley, no de mí. Porque no tiene nada de malo.

Todos tenemos diferente combinación de dones. Algunos se desempañan mejor en un tamaño de iglesia, pero no en otro. El estilo administrativo de Andy Stanley cumple con una serie de necesidades, mientras que mi estilo más práctico cumple otras.

No me malinterprete. Con gusto aceptaría cualquier crecimiento numérico que viniera en nuestro camino, y haría las adaptaciones necesarias para permitir y promover dicho crecimiento. Pero también lloraría la pérdida de algo importante si ocurriera un gran crecimiento numérico: la intimidad.

Intimidad y responsabilidad recíproca

Recientemente estuve en la tienda de libros usados de la biblioteca de nuestra comunidad, cuando oí por casualidad una conversación entre dos voluntarias que apilaban los estantes. Al pasar por el pasillo donde estaban, oí que estas mujeres se habían dado cuenta de que ambas asistían a la misma mega-iglesia. La mujer mayor dijo que había estado yendo allí durante décadas, la más joven había asistido algunos años. El pastor había estado enfermo recientemente y el domingo anterior había sido su primer fin de semana en el púlpito desde muchos meses. La mujer mayor expresó lo mucho que lo había extrañado y lo bueno que era tenerlo de nuevo predicando.

–¿Se lo dijiste? –preguntó su amiga.

–Eso no. La iglesia es tan grande ahora que nadie puede acercarse a hablar con el pastor.

–Cierto. Es una iglesia grande. He estado yendo por años y realmente no conozco a nadie.

–Si quieres conocer gente, tienes que ir a una iglesia pequeña.

Hubo una pausa.

–Entonces conoces a *todos* –dijo la joven.

–Y todos te conocen –respondió la mayor.

Hicieron una pausa, mientras la última revelación quedó al aire entre ellas. Yo intenté verme ocupado, aunque cerca de ellas.

–Dime –dijo la mujer mayor, recogiendo una pila de libros–, ¿dónde se supone que debo poner éstos?

Se ocuparon de su trabajo como si la conversación previa nunca hubiera tenido lugar.

Intimidad y responsabilidad recíproca. Conocer y ser conocido. A algunas personas les gusta, a otras no.

Me gusta la intimidad. También me gustan los grandes eventos. Mi esposa y yo fuimos a un concierto de renombre en un coliseo hace un par de años. Parte de la emoción de la noche fue que estábamos en una multitud de más de 120.000 viendo un espectáculo en escala espectacularmente grandiosa.

Pero cuando una multitud alcanza cierto tamaño, es todo lo que puede ser: una multitud. Una audiencia; un público.

Se necesita un grupo más pequeño si uno quiere intimidad. La mayoría de las iglesias grandes lo ofrecen como una opción. Pero en una iglesia pequeña es inevitable. A algunas personas les encanta eso de las iglesias pequeñas. A otras no, porque, como lo ilustran las dos mujeres en la biblioteca, esa intimidad siempre tiene un lado opuesto: la responsabilidad recíproca. Todos *necesitamos* ambos, pero no todos *queremos* ambos.

No es sorprendente que algunas personas vayan a las iglesias grandes, no solamente por la excelencia de los programas, sino porque pueden perderse en la multitud. Pueden asistir sin comprometerse, recibir sin dar, y entrar y salir sin conocer a nadie, ni *ser* conocidos por nadie.

Muchas iglesias grandes tienen sistemas establecidos para ofrecer a las personas responsabilidad espiritual. Pero en una iglesia grande uno tiene que registrarse para recibir ese beneficio. Y muchos no lo hacen.

Es más difícil ser anónimo en una iglesia pequeña. Los hermanos nos extrañan porque el vacío que dejamos es más grande. Conocemos a todos, lo cual significa que todos nos conocen.

Cuando miro nuestra cultura actual, y la imagino dentro de los próximos 20, 30 o incluso 50 años, veo a muchos huyendo de la intimidad, como esas dos amigas. Pero aún más que eso, imagino que habrá una pasión creciente en los corazones por la verdadera intimidad. Si no se encuentra en la iglesia, la gente la buscará en otro lugar. Las vibrantes y sanas iglesias pequeñas tienen una ventana de oportunidad en este próximo ciclo generacional para satisfacer esas necesidades como nunca hemos visto. Si perdemos esa oportunidad ahora, la puerta puede cerrarse por mucho tiempo.

Como pastor, es un gran privilegio predicar a rostros conocidos; a personas que estuvieron en nuestra oficina durante la semana confesando sus pecados, clamando por ayuda, o buscando consejo sabio. Hermanos que nos pidieron que les hagamos rendir cuentas.

He predicado a grupos grandes y disfruto de la oportunidad de hacerlo. Pero nunca he sido un pastor de mega-iglesia, mirando semana tras semana a un mar de rostros, la mayoría de quienes no conozco personalmente. No hay nada de malo en eso. Sólo que en mi llamado y ministerio siento mayor satisfacción –más como diálogo que como monólogo– cuando sé casi todos los nombres de las personas que tengo enfrente.

Como soy pastor de una iglesia pequeña, no predico a una multitud, sino a individuos. Conozco algunas cosas muy profundas de casi todos los que están sentados frente a mí. Algunas cosas oscuras y profundas, otras cosas profundas y maravillosas. Ahora bien, aunque no saco a colación esas cuestiones íntimas cuando predico, el hecho de que las sé, les da a mis mensajes una intensidad que no puede haber en el más elocuente de los mensajes predicado a una multitud sin nombre, o a gente que observa en una pantalla en otra habitación o en internet en casa.

No tengo nada en contra de las mega-iglesias. Aplaudo cualquier uso de sistemas y tecnología que permita una mayor difusión del evangelio. Pero tenemos que reconocer que en algún punto de la escala, desde “el pastor que sabe mi nombre” hasta “el pastor podría verme entre la multitud” o “puedo ver la imagen del pastor en la pantalla, pero él no puede verme” a “cambiaré de canal o sitio web y veré a otro pastor por un rato”, deja de ser íntimo.

En algún momento también deja de ser *iglesia,* ¿verdad que sí?

Más momentos reales

Mientras escribo esto, mi esposa y yo disfrutamos de una hermosa tarde de domingo en uno de los lagos de California. Vine aquí por varios días para alejarme y escribir una parte importante de lo que usted está leyendo. Esta mañana Shelley y yo fuimos a una iglesia pequeña en la ciudad.

Esta iglesia generalmente tiene un grupo de músicos que dirige la adoración, pero hoy su líder estaba enfermo; por lo que otro hermano tomó una guitarra para dirigir las alabanzas, junto con un vocalista. Nos pidió que oremos por el director de adoración, y nos dijo que todo lo que podía hacer hoy era cantar algunas canciones que él conocía, y esperaba que las conociéramos también.

Nos dirigió en unos coros e himnos. Como predijo, sabíamos algunos, pero no todos. El que cantaba con él en el escenario tampoco los conocía todos. Cada uno en la congregación sintió la responsabilidad de hacer su parte debido a las circunstancias, así que cantamos. Musicalmente, no era lo que habíamos esperado, pero el guitarrista lo hizo de corazón, y no era mal cantante; eso fue suficiente.

Sin embargo, espiritualmente, era algo más que eso. Fue íntimo. En ocasiones, fue incómodo. Pero esa intimidad y torpeza lo hicieron real. Y fue especial.

Momentos reales como ese no ocurren muy a menudo en una iglesia grande, porque los momentos reales generalmente no son intencionales, y en las iglesias grandes rara vez se hace algo sin intención. Las iglesias grandes tienen planes de respaldo, incluidos los grupos musicales de respaldo. Y deben tenerlo.

De hecho, he empezado a desconfiar de cualquier culto en que la adoración me resulte demasiado fácil. La adoración debe ejercer un poco de esfuerzo de mi parte, sin importar quién sea. No, no quiero un culto que *obstaculice* la experiencia de adoración, pero debería *desafiarnos*, ¿no es así? Quiero ser parte de una experiencia de adoración que requiera de mi participación en lugar de fomentar la pasividad.

No le demos un aura a esto. Los momentos reales en las iglesias pequeñas no siempre resultan tan bien como éste. Pero en las iglesias pequeñas pasan más a menudo. La posibilidad de autenticidad, aun cuando no sea algo suave y pulido –tal vez *porque* no sea suave y pulido–, es gran parte de lo que muchas personas, especialmente los jóvenes, anhelan en su vida y su experiencia de adoración.

Una curva de aprendizaje más larga

En las iglesias grandes se requiere un alto nivel de excelencia de los que van a servir, especialmente en las áreas de ministerio visible, y con razón. Así que, ¿dónde las personas que están al principio o intermedio de la curva de aprendizaje tienen la oportunidad de usar sus dones para servir y crecer?

Cuando comencé a pastorear la iglesia donde actualmente soy pastor, no se requería excelencia de los voluntarios en el ministerio. La disponibilidad era todo el requisito. La competencia era una ventaja.

Llegué a una iglesia con una asistencia promedio de 35 personas, muy desanimadas; más de la mitad eran hermanos mayores de edad. Antes de mi llegada, algunos de los líderes debatieron sobre la posibilidad de cerrar las puertas.

El pastor de jóvenes estaba haciendo un buen trabajo con los niños durante la semana; pero era muy joven y tenía poca educación ministerial aparte de la experiencia en la obra que dirigía. A muy pocos de los jóvenes se los podía convencer a asistir al culto los domingos por la mañana.

En la plataforma había un piano y un órgano, que no habían sido tocados en años porque no había nadie que los tocara. Saqué de allí el órgano, antes de mi primer domingo, por temor a que alguien entrara, lo viera, y dijera: "¡Puedo tocarlo!"

La iglesia tenía un próspero programa preescolar de lunes a viernes, pero ni un niño, padre o maestro de ese programa asistía a la iglesia. Podría seguir, pero creo que me entiende.

Así que, fui al seminario bíblico de nuestra denominación, a sólo diez minutos de la iglesia, y comencé a reclutar. "No se requiere experiencia", fue la frase que usé al animar y suplicar durante meses. Hablé con jóvenes ministros en formación, ofreciéndoles un entorno en el que pudieran poner a prueba sus habilidades para enseñar, cantar, tocar un instrumento, lo que sea. Todo lo que pedí fue que se comprometieran durante los meses de clases y un nivel mínimo de competencia. Me sorprendió que aparecieron.

Al principio, llegaron poco a poco; luego hubo una inundación cuando las clases comenzaron el siguiente mes de septiembre. Por "inundación" me refiero a aproximadamente cincuenta estudiantes, lo que duplicó el tamaño de nuestra congregación de la noche a la mañana. Se había corrido la voz de que había una iglesia cerca del seminario donde podían probar, fallar, crecer y mejorar en el ministerio, y ser amados en medio de sus inevitables errores.

Se nos dice que debemos buscar la excelencia y que Dios merece nada menos que lo mejor. He leído esto en prácticamente todos los libros de crecimiento de la iglesia y lo he escuchado en casi todas las conferencias ministeriales, tal como supongo que usted lo ha hecho. Sin embargo, si hubiera insistido en esa norma para nuestra iglesia en esos primeros días, no dudo de que la iglesia ya no existiría.

Es un hecho que la excelencia es un imperativo moral. Pero, ¿dónde exactamente dice eso en la Biblia? ¿Es posible que hayamos elevado un rasgo bíblico y moralmente neutral de *excelencia* sobre un rasgo bíblicamente esencial de *obediencia*?

No estoy de acuerdo con la idea de que Dios sólo quiere lo mejor. El hecho de que mucha gente lo diga no lo hace cierto.

Cuando la gente dice: "Dios merece solamente lo mejor", ¿quién presta atención a la lista de discípulos que Jesús escogió?

En lugar de que se exija la excelencia, leo en la Biblia que Dios lo quiere *todo*. Lo mejor, lo peor y todo lo demás. Tal vez algo de lo mejor que podemos hacer, especialmente en iglesias pequeñas, es proporcionar un puerto seguro para que todos los dones sean ofrecidos y desarrollados.

A menudo decimos cosas como: "Dios no está buscando nuestra

capacidad, sino nuestra disponibilidad." Creo que Él quiere ambas cosas. Pero si vamos a hacer algo más que elogiar la idea de que la disponibilidad es importante, necesitamos lugares donde las personas con poco más que disponibilidad, pasión y compromiso puedan estirar sus músculos y cometer errores en un entorno amoroso. Eso tiene que valer al menos tanto como un espectáculo de culto de adoración sin problemas un fin de semana, ¿no lo cree?

¿Dónde más ese tipo de talento será no sólo permitido y nutrido, sino realmente necesitado y aplaudido, que en una iglesia pequeña?

Cuando vimos la cantidad inicial de estudiantes universitarios que llegaron y abrumaron a nuestra pequeña congregación de gente mayor de edad, decidimos que seríamos una iglesia que enseña, tal como en algunos hospitales se enseña. Como resultado, muchos jóvenes han pasado por nuestras puertas. Al estar con nosotros han recibido valiosas experiencias ministeriales y lecciones para la vida. Algunos se han quedado, pero la mayoría ha seguido su camino. Muchos se han ido al graduarse. Algunos se han ido porque ganaron tanta experiencia en el ministerio al estar con nosotros que fueron contratados por iglesias más grandes con mayor presupuesto.

Al escribir esto, recuerdo fácilmente los nombres de decenas de antiguos alumnos que apenas tenían experiencia la primera vez que cantaron en la plataforma de nuestra iglesia o que tartamudearon al empezar a enseñar en grupos de hogar. Ahora ministran con excelencia y pasión en iglesias pequeñas, medianas, grandes y mega en todo nuestro país y el mundo.

Al contemplar nuestras cifras de asistencia dominical, ese enfoque ministerial puede no haber resultado en crecimiento numérico de la iglesia. Pero no se equivoque, sí resultó en crecimiento de la iglesia.

La disponibilidad necesita un lugar de capacitación para que se convierta en habilidad. Las iglesias pequeñas han sido un lugar de capacitación durante milenios, y continuarán siéndolo mientras Cristo siga edificando su iglesia.

La próxima vez que esté en una iglesia grande, deténgase un momento y considere esto. Al ser guiado por un inspirador director de adoración, al recibir excelente enseñanza, o al recoger a su hijo de un departamento de ministerios infantiles de primera calidad, esté agradecido de que esa iglesia pone ese ministerio a su disposición sobre la base de donaciones solamente. Las iglesias grandes son uno de los pocos lugares en nuestra cultura que todavía lo hacen sin cobrar una cuota.

Luego dedique un momento para agradecer a una iglesia pequeña. Es probable que allí las personas que ofrecen esos ministerios hayan tenido su inicio.

Permiso para cometer errores

Durante el proceso de la entrevista para llegar a ser pastor de la iglesia a la que sirvo actualmente, me preguntaron cuál era mi visión para la iglesia y la comunidad.

Les dije que no tenía ninguna.

Como les expliqué (a un comité de búsqueda de pastor ahora muy confuso), me pareció presuntuoso decir que tenía las respuestas para una iglesia y una comunidad en las que había pasado solamente unas horas. Les dije que si Dios me llamaba a ser el pastor de la iglesia, pasaría los primeros años trabajando con ellos para descubrir esa visión.

Han pasado veinte años y todavía estoy aquí, así que esa respuesta debe haber sido buena.

Las pocas personas que asistían a la iglesia en ese tiempo eran casi todas mayores de edad, pero la comunidad que rodeaba a la iglesia era en su mayoría de familias jóvenes, incluida la que yo iba a traer conmigo. Les dije que si llegara a ser su pastor, la vida se volvería inmediatamente alterada y ruidosa. Para atraer a gente joven, lo cual dijeron que querían, estaríamos intentando algunas cosas que podrían hacer sentir incómodos a algunos de los miembros. Incluso, las cosas pudieran empeorar antes de que mejoren.

En los primeros meses hice la prueba con algunos eventos y estrategias que probaron a fondo los límites de su tolerancia al orden alterado y al ruido (la verdad es que he estado probando con ellos esos límites durante las últimas dos décadas). Algunas de esas primeras ideas funcionaron, pero casi todas fracasaron en grande.

Después de un fracaso particularmente espectacular, creí que los directivos de la iglesia estarían muy molestos conmigo. Muy nervioso fui a la reunión de la junta de diáconos. Cuando llegamos al punto en la agenda para discutir mi calamidad más reciente, comencé a disculparme. Antes de que terminara la primera frase, fui interrumpido por uno de los diáconos.

–¡Alto, pastor! –dijo.

Ahí va –pensé–. *Están tan enojados que ni siquiera van a dejar que me disculpe. Espero que hayamos guardado algunas de las cajas de mudanza.*

–Sé lo que va a decir –continuó el diácono–. No fue tan bien. Pero creo que hablo por todos aquí al decir que estamos agradecidos de ver que alguien finalmente se esfuerce tanto como usted en nombre de esta iglesia. Nos dijo que las cosas no funcionarían bien al principio, y tenía razón.

Me reí nerviosamente. Fui el único que se rio.

–Pastor –dijo, mientras se inclinaba hacia mí–, le damos permiso para cometer errores.

¿Alguna vez un pastor ha escuchado palabras más dulces en una reunión de la junta? Creo que no. No podría haberme sentido mejor si hubieran ofrecido duplicar mi salario. Ahora bien, tal vez un *poco* mejor.

Obviamente, no todas las iglesias pequeñas son tan amables. Y no digo que debemos acostumbrarnos a cometer errores sólo porque podemos. Aunque debo admitir que he aprovechado al máximo ese permiso. Pero solamente en las iglesias pequeñas los meses o años de pruebas y errores son una opción viable.

Los errores son demasiado costosos en las iglesias grandes. Las iglesias grandes son como barcos grandes y compañías grandes. Los cambios a menudo son lentos porque los riesgos son demasiado costosos como para intentarlos sin gran planificación previa, confirmación del grupo de enfoque, y asignaciones presupuestarias.

Desde que me dieron tal gracia ese día, he intentado ofrecer lo mismo a otros. No espero la perfección de mi personal o de los voluntarios; espero pasión y compromiso. También les digo que cualquiera que haya intentado algo especial o nuevo ha cometido errores en el camino. Si no cometemos errores, no estamos creciendo.

Hay una madurez emocional y espiritual que sólo podemos ganar al caer, y al levantarnos e intentar de nuevo. Hay más espacio para esto en una iglesia pequeña.

Satisfaciendo las necesidades de los hermanos de iglesias pequeñas

Los hermanos de iglesias pequeñas vienen en todas formas y tamaños. No son todos personas que se adhieren al pasado y quieren reprimir el crecimiento de la iglesia para mantener las cosas así como siempre han sido.

A algunas personas les gusta ir a una iglesia pequeña en lugar de ir a una iglesia grande. Allí es donde encuentran su mayor alimento espiritual y una mejor oportunidad de servir y crecer.

Las iglesias grandes y las mega-iglesias satisfacen las necesidades de dos categorías: los hermanos de iglesias grandes y los de mega-iglesias. Estoy agradecido de que así sea. Pero al estar edificando nuestras iglesias grandes, no olvidemos las necesidades del resto de la población. Los hermanos que se sienten perdidos en una multitud de más de un par de cientos de personas. Los que quieren ver caras familiares y amigables semana tras semana.

Estos hermanos no se resisten a la llegada de nuevas personas, al evangelismo, ni a que los ministerios de la iglesia se expandan y bendigan a su comunidad. Simplemente descubren que sus necesidades se satisfacen mejor, no en una catedral o en un antiguo centro comercial, sino en una pequeña capilla, o en un bar o una tienda convertidos en lugar de reunión.

Estaba escuchando una estación de rock clásico el otro día cuando *Small Town [Ciudad pequeña]* de John Mellencamp apareció en la radio. No esperaba recibir nada profundo de la canción, así que me sorprendí al escuchar que la letra que llegó a través del estéreo de mi auto hablaba tan fuertemente como cualquier enseñanza que he escuchado acerca del porqué a muchas personas les gusta asistir a los cultos en una iglesia pequeña, no que esa fuera la intención de Mellencamp.

Es demasiado caro comprar los derechos de autor para poner la letra aquí, pero puedo decir que en su canción celebra la vida en una ciudad pequeña. Se podría reemplazar "ciudad" por "iglesia". Lo haré en este extracto: "*Educado en una iglesia pequeña. Enseñado a temer a Jesús en una iglesia pequeña. ... No, no puedo olvidar de dónde vengo. No puedo olvidar a las personas que me aman. Sí, puedo ser yo mismo aquí en esta iglesia pequeña...*"

Es interesante que para la mayoría está bien celebrar la vida en una ciudad pequeña. Pero si queremos tener los beneficios de una iglesia pequeña, muchos nos tildan como asesinos de la visión.

La próxima revolución de la iglesia (o del mundo)

Si la iglesia alguna vez va a tener una nueva Reforma, la chispa seguramente vendrá de una iglesia pequeña o de una red de iglesias pequeñas. Es poco probable que provenga de una iglesia grande o de una denominación. Este descubrimiento es una de las principales razones de que soy un gran promotor de iglesias pequeñas.

La revolución nunca viene de reunir a las mejores personas, a las más brillantes y exitosas. Cuando eso pase, cuide su billetera y sus libertades. Cuando los poderosos unen fuerzas, nunca lo hacen para cambiar el statu quo. El simple hecho de su éxito significa que el sistema actual resulta para ellos; así que, ¿por qué querrían cambiarlo?

La Revolución Norteamericana es un gran ejemplo de esto. Hoy, cuando recordamos a los que fueron las fuerzas impulsoras, como Jorge Washington, Alexander Hamilton, Benjamín Franklin y otros, nos parecen los "mejores y más brillantes, que comenzaron una de las grandes revoluciones del mundo". Pero cuando se reunieron para establecer la Constitución, esa reunión fue grandiosa en retrospectiva, sólo porque ganaron. Cuando se reunieron eran un variopinto grupo de agricultores, comerciantes y mercaderes. Los inteligentes y poderosos estaban todos en Londres.

Las revoluciones siempre han llegado, y siempre vendrán, de los pobres, los pequeños, los subrepresentados y los poco apreciados. Como parte de ese muy variado grupo, las iglesias pequeñas y sus líderes han desempeñado un papel central en más de las grandes revoluciones del mundo de lo que la mayoría cree.

La fundación de los Estados Unidos tuvo iglesias pequeñas en su núcleo, desde aquellos peregrinos que salieron de Inglaterra en busca de libertad religiosa, escapando de un gobierno corrupto y de sus compatriotas en un sistema de gran iglesia patriarcal políticamente comprometida. No olvidemos que 37 de los 102 pasajeros del *Mayflower* eran miembros de una iglesia pequeña, la congregación de Leiden en Holanda.

Comenzando con esa iglesia pequeña, gran parte del impulso para el crecimiento de los Estados Unidos hasta la Revolución

Norteamericana y más allá provino de la teología, las relaciones y los sermones de las iglesias, la mayoría de ellas pequeñas.

Casi todos los grandes impulsos de libertad en los Estados Unidos se iniciaron y se sostuvieron a través de iglesias pequeñas. La eventual extinción de la esclavitud se desencadenó en iglesias pequeñas, y hasta que la Proclamación de Emancipación liberó a los esclavos, estas iglesias proveyeron muchos de los eslabones vitales en el ferrocarril clandestino que transportaba a los esclavos fugitivos hacia la libertad.

Más tarde, el derecho de las mujeres a votar fue en gran parte inducido por sermones, y estos fueron generalmente predicados desde púlpitos de iglesias pequeñas. El Movimiento por los Derechos Civiles de la década de 1960 fue dirigido por el reverendo Dr. Martin Luther King Jr., pastor de una pequeña congregación llamada Iglesia Bautista Ebenezer.

A principios de la década de 1900, William Seymour, pastor de una iglesia pequeña, lanzó el avivamiento pentecostal desde un edificio de 60x40 pies en la calle Azusa en el centro de Los Ángeles, que un periódico local denominó "casucha por derrumbarse".

No es sólo un fenómeno estadounidense. Las revoluciones en todo el mundo han sido inspiradas por la mano de Dios obrando en las iglesias pequeñas, a veces casi de forma invisible.

La historia de San Patricio está plagada de mitos y leyendas, pero cuando se llega a lo que podemos saber con certeza, encontramos que estableció decenas, posiblemente cientos, de iglesias pequeñas que transformaron a Irlanda y el mundo.

El avivamiento metodista de Juan Wesley comenzó con la capacitación y el envío de equipos de predicadores de circuito, que cabalgaban de pueblo en pueblo, pastoreando varias iglesias pequeñas a la vez en forma rotativa, como lo hizo el mismo Wesley. La clave del avivamiento wesleyano y el posterior crecimiento se atribuye ampliamente a su sistema de rendición de cuentas, en que los grupos a propósito eran pequeños.

Se elogia con razón a Dietrich Bonhoeffer y el pequeño movimiento que dirigía por su oposición a Adolfo Hitler, mientras que las iglesias y denominaciones más grandes hacían concesiones a los nazis.

En 1989, cayó el Muro de Berlín. Ahora se reconoce universalmente que las reuniones de oración en las iglesias pequeñas ilegales fueron uno de los catalizadores críticos que llevaron a la caída del mismo.

Luego, en diciembre de ese año, se inició la Revolución Rumana, cuando el dictador rumano Nicolae Ceauşescu ordenó que László Tőkés fuera destituido de su puesto como pastor asociado de su pequeña iglesia en Timişoara debido a la oposición de Tőkés al brutal régimen. Los miembros de la iglesia de Tőkés rodearon su casa para protegerlo de las fuerzas gubernamentales. Las protestas y los disturbios posteriores se extendieron rápidamente por toda la nación, lo que dentro de menos de un mes llevó al arresto, juicio y ejecución de los seguidores de Ceauşescu.

Estoy convencido de que si en Europa, especialmente, va a haber una renovación espiritual, tendrá que ser a través de una red de iglesias pequeñas. Con la historia que allí hay de opresión y corrupción, a manos de poderosas fuerzas eclesiásticas, la aparición de mega-iglesias o el resurgimiento de grandes catedrales se verá con gran desconfianza y temor, y con razón.[1] Un nuevo movimiento popular de iglesias pequeñas es la única forma en que la Europa moderna percibirá una renovación del cristianismo como un movimiento espiritual genuino, en lugar de una estrategia política.

Las revoluciones siempre necesitan una chispa para encenderlas. ¿Quién es el próximo László Tőkés, William J. Seymour o Martin Luther King Jr.? ¿Qué encenderá la próxima reforma de la iglesia? No lo sé; pero la historia nos dice que es mucho más probable que provenga de una iglesia pequeña, o de un grupo unido de iglesias pequeñas, que de una mega-iglesia.

Capítulo 8

Iglesia pequeña, visión grande

Las iglesias pequeñas no son tímidas.

No son iglesias con pastores y líderes que operan por culpa o temor. No son congregaciones que no quieren seguir adelante. Definitivamente, no se conforman con menos.

Las iglesias pequeñas tenemos que descubrir quiénes somos como iglesias, líderes y congregaciones, y luego usar ese conocimiento recién descubierto para que seamos lo que Dios nos ha llamado a ser, en formas nuevas y frescas. Incluye descubrir las maravillosas ventajas que conlleva ser una iglesia pequeña.

Las iglesias pequeñas necesitan pensar como iglesias pequeñas. Pero definitivamente no es una excusa para tener poca visión.

Durante las últimas décadas, la iglesia occidental se ha centrado en cómo convertir una gran visión en una iglesia grande. Ese enfoque, ¿nos ha segado a la posibilidad de que se puede operar con una gran visión en una iglesia pequeña? Si es así, ¿podríamos reconocer una gran visión si la viéramos?

¿Cómo es una iglesia pequeña con una gran visión? Descubrir esto, y vivirlo, dice adiós al mito del saltamontes.

No hay dos iglesias iguales, por supuesto. Pero quisiera ofrecer algunas observaciones de mis experiencias en iglesias pequeñas, mis conversaciones con pastores de iglesias pequeñas, y mis años de pensamiento y oración al respecto.

He aquí algunas características que las iglesias pequeñas con visión grande probablemente tengan en común.

Olvide sus problemas, póngase saludable

Pasé muchos años culpando a otros por mis fracasos y los de "mi" iglesia, tanto reales como imaginarios.

Culpé a los pastores que me precedieron porque compraron un lote muy pequeño y construyeron un templo también a mi parecer muy pequeño. *Si hubieran tenido más fe y hubieran comprado un terreno más grande, entonces no estaría en este lío.*

Culpé a los cambios demográficos en la comunidad. *Vivimos donde las personas tienden a mudarse. Es difícil ganar impulso y mantener el crecimiento.*

Culpé a mis profesores del seminario. *No me enseñaron algunas de las lecciones más importantes del ministerio pastoral.*

Culpé a las personas que *venían* por las personas que *no venían. Entonces me preguntaba por qué también se iban.*

Luego miré a mi alrededor y vi a otras iglesias con todos esos problemas, y más; pero muchas estaban creciendo en grande.

Así que recurrí al único a quien me quedaba culpar.

Me culpé a mí mismo.

No estoy trabajando lo suficiente.
No estoy aplicando los debidos principios de la debida forma.
No estoy en la debida iglesia y ciudad o el debido ministerio para cumplir mi llamado.
No soy lo suficientemente bueno.
Me he equivocado; este no es mi llamado.

Cuando por fin obtuve una perspectiva saludable sobre mí mismo y mi ministerio, me di cuenta de que ninguna de esas excusas era válida.

Resulta que muchos de mis fracasos... *no eran fracasos*.

Solía pensar que el motivo de que la iglesia no estaba creciendo bajo mi liderazgo era porque "simplemente no soy muy bueno en lo que hago".

Resulta que, "simplemente no soy...".

Tenía que olvidarme de las cosas que *no soy* y empezar a apreciar las cosas que *soy.*

Las iglesias saludables no crecen bajo la guía de pastores descontentos y desmoralizados. Una de las principales razones de escribir mi testimonio ha sido ayudar a otros pastores de una iglesia pequeña a hacer lo que me llevó muchísimos años: dejar de molestarme por lo que *no soy* y empezar a descubrir y disfrutar de lo que *soy*.

Tenemos que dejar de usar el crecimiento numérico como el principal indicador del éxito en el ministerio y comenzar a considerar la *salud* como el principal indicador del éxito en el ministerio. Todo pudiera comenzar con esta premisa: una iglesia saludable que no está creciendo numéricamente es mejor que una iglesia poco saludable que está aumentando en número.

Cuando la iglesia que pastoreo creció a más de 350 en asistencia dominical (casi 450 contando los niños) ya no era una iglesia pequeña. Pero era mucho menos saludable, y ciertamente menos salutífera para la comunidad y el mundo de lo que es hoy, con menos de 200 en asistencia dominical (250 contando los niños). Esa mala salud es una de las razones de que no se pudo sostener el crecimiento.

Estoy agradecido a Dios de que no me permitió prosperar en el camino en el que estaba, con mucha energía enfocada en empujar hacia un próximo nivel autoimpuesto, en lugar de ser lo que somos.

Hay muchos factores que llevan a convertirse en una iglesia saludable y no son fáciles de definir. Creo que usamos el crecimiento numérico como nuestro principal indicador porque los números son más fáciles de evaluar que la salud.

Quizá ningún otro factor sea un mejor punto de partida para la salud de una iglesia –y ciertamente para la salud espiritual de los pastores–, que las palabras del apóstol Pablo sobre el contentamiento.

> Es cierto que con la verdadera religión se obtienen grandes ganancias, pero solo si uno está satisfecho con lo que tiene. (1 Timoteo 6:6)
>
> *No digo esto porque esté necesitado, pues he aprendido a estar satisfecho en cualquier situación en que me encuentre. Sé lo que es vivir en la pobreza, y lo que es vivir en la abundancia. He aprendido a vivir en todas y cada una de las circunstancias, tanto a quedar saciado como a pasar hambre, a tener de sobra como a sufrir escasez. Todo lo puedo en Cristo que me fortalece. (Filipenses 4:11-13)*

¿Quién es usted? ¿Qué lo ha llamado Dios a hacer? ¿Puede contentarse con eso?

Filipenses 4:13 probablemente ha sido citado fuera de contexto más que cualquier otro versículo de la Biblia. No nos dice que podemos hacer *todo lo que queremos*. ("¡*Puedo* edificar una mega-iglesia en un pueblo de cinco mil habitantes por medio de Cristo que me fortalece!"). Si comenzamos con el contexto del versículo 11, está claro que Pablo dice que Dios quiere darnos la fortaleza para que nos *contentemos* en cualquier situación.

Ese es el primer paso para convertirse en un pastor saludable y en una iglesia saludable; estar satisfecho con la forma en que Dios nos ha creado y con lo que nos ha llamado a ser y hacer.

Les decimos a los miembros de nuestra congregación que estén contentos con la función que Dios les ha dado. Que sacar la basura o colocar las sillas es tan esencial para el funcionamiento de una iglesia como lo es predicar o cantar en el coro. Pero ¿realmente lo creemos? Si así es, estaríamos bien con las tareas pastorales menos visibles que Dios llama a la mayoría a hacer durante gran parte de nuestros años de ministerio.

Muy pocos pastores son llamados por Dios para trabajar en grandes campos, entre gente adinerada con enormes recursos, casi ilimitados. A la mayoría se nos pide hacer obra entre los pobres y descorazonados, con espacio, dinero y recursos limitados. Allí es donde Jesús y los primeros apóstoles pasaron la mayor parte de su tiempo. ¿Por qué, entonces, deberíamos esperar algo diferente? Según el pasaje que acabo de citar, Pablo tuvo parte de ambos, y descubrió que Cristo le dio la fortaleza para enfrentar los desafíos de cada uno.

Cuando digo que debemos contentarnos, puede ser que esto le sorprenda. Para muchas personas, la satisfacción o el contentamiento les hace pensar en algo como quedar conforme o darse por vencido. En ningún momento me refiero a eso.

La satisfacción bíblica (el contentamiento) nunca es una excusa para conformarse. La satisfacción no puede ser "gran ganancia" sin la piedad que la acompaña. Darse por vencido no es prueba de piedad.

Enfrentemos los hechos: hay muchas iglesias pequeñas que son más pequeñas de lo que pudieran ser debido a incompetencia, pereza, superioridad moral y una variedad de otros síntomas. Todos hemos visto demasiados casos de mediocridad en pastores, que nos han llevado a decir: “con razón esa iglesia es tan pequeña”.

Eso no es contentamiento; es sentirse satisfecho de sí mismo. A veces es pereza, corrupción, incompetencia, obstinación, egoísmo... la lista sigue. No hay contentamiento o piedad en nada de eso.

Necesitamos estar contentos con *quienes* somos, pero nunca satisfechos con quedarnos *donde* estamos. No soy partidario de las frases que tienen como fin calmar, tales como: “sé lo mejor posible que puedas ser”. Pero he comprendido que sólo después de descubrir quién *soy* y quién *no soy* en Cristo, puedo ser libre para hacer lo que Dios ha designado que haga y ser quien Dios quiere que sea.

Si no estamos contentos con lo que somos, ninguna cantidad de crecimiento de la iglesia traerá esa satisfacción. Si estamos contentos, la esperanza y el gozo que resultan de ello nos estimularán a hacer grandes cosas por Dios, por nuestra iglesia y por la comunidad, sin importar el tamaño de iglesia que pastoreemos.

Alcance a su comunidad mediante la iglesia que tiene

En el período previo a la segunda Guerra del Golfo, el secretario de defensa Donald Rumsfeld lo tuvo problemas debido a su cita torpemente programada: “Como se sabe, uno va a la guerra con el ejército que tiene. No es el ejército que uno desearía o quisiera tener en otro momento.”[1]

Algunos defensores del crecimiento de la iglesia han cometido un error similar. Cuando enseñan la filosofía de “pensar como una iglesia grande”, he oído decir a algunos: “lo que quiero decir con eso es que pastorees la iglesia que *quisieras* tener”.

Hay numerosos problemas con pastorear la iglesia que uno *desearía* tener, en lugar de la iglesia que *tiene*. En primer lugar, la iglesia que usted tiene normalmente queda fuera de la ecuación y no es pastoreada como debiera ser.

La razón de que la gente se molestó tanto por la declaración del secretario Rumsfeld era que parecía que él menospreciaba al ejército estadounidense como una fuerza de combate inadecuada. Cuando decimos cosas similares acerca de lo que *quisiéramos que fuera* nuestra iglesia, podemos desmoralizar a los miembros de la misma forma.

En cambio, he aprendido que la mejor manera de usar lo que se nos ha dado es apreciar y pastorear la iglesia que tenemos.

Por eso, no quiero decir que debiéramos limitarnos a las personas que vienen a los cultos dominicales. Por ejemplo, durante mi lucha por tener una iglesia grande, tomé una decisión correcta. Estábamos buscando un nuevo edificio para reunirnos y escuchamos que otra iglesia en nuestra zona estaba buscando un comprador para su edificio. Era un hermoso edificio en muchos sentidos. El auditorio principal era el triple del tamaño que teníamos, y las aulas, el vestíbulo y las oficinas eran amplias y bien organizadas sin ser de exagerada elegancia.

Lo rechacé por dos razones: en primer lugar, estaba en medio de un parque industrial a unas cinco millas de nuestro edificio actual. El agente de bienes raíces señaló correctamente que un viaje de cinco millas no se consideraba lejos en nuestra zona, y que nuestra congregación actual del domingo nos seguiría fácilmente allí. Estuve de acuerdo en que probablemente era cierto. De hecho, estaríamos más cerca de algunos de nuestros miembros en ese edificio que en donde estábamos.

Pero si nos mudáramos a cinco millas de distancia, perderíamos el ministerio a cientos de familias en la comunidad en que habíamos estado forjando relaciones. Las personas que ya teníamos en la iglesia, se quedarían. Perderíamos a las personas con las que estábamos trabajando en el vecindario. Habíamos invertido demasiado tiempo y pasión en esas relaciones florecientes para alejarnos de ellas. Esas personas nos importaban, y para ellas les importábamos.

En segundo lugar, la reubicación a un parque industrial significaría que cualquier crecimiento futuro no provendría del nuevo vecindario, ya que no había uno, sino más bien el crecimiento sería de transferencia de otras iglesias. En la nueva ubicación, las únicas personas que vendrían a la iglesia serían personas que sabían dónde encontrarnos, y eso casi exclusivamente sería creyentes, y no inconversos.

Podríamos habernos mudado. Es posible que incluso hayamos crecido. Podríamos habernos convertido en una iglesia realmente buena en esa nueva ubicación. Eso ciertamente había sido así para la iglesia que anteriormente ocupaba el edificio. Pero no hubiera sido la *misma* iglesia. Y Dios no me llamó para pastorear *esa* iglesia, sino que me llamó para pastorear *esta*.

Muchas veces cometemos el error, en los círculos de crecimiento de la iglesia, de sólo contar el ministerio que hacemos en los servicios de adoración los domingos. En nuestra nueva ubicación, hubiéramos mantenido ese crecimiento, y posiblemente aun lo hubiéramos incrementado, pero al tomar en cuenta las familias del vecindario con las que habríamos perdido contacto, estoy convencido de que la cantidad de personas a las que ministrábamos semanalmente habría disminuido, aunque la asistencia a los cultos de fin de semana hubiera aumentado.

Es un cambio que no estuve dispuesto a hacer ni estoy dispuesto a hacerlo.

No es una iglesia grande en miniatura

Uno de los mayores errores que veo en iglesias pequeñas es que tratamos de portarnos como una iglesia grande, sólo en una escala menor. Ese no es un pensamiento de gran visión.

Una uva roja no es una ciruela en miniatura. Pueden tener muchas cosas en común, incluidos su color y forma, pero cada uno tiene su propio sabor y conjunto de nutrientes. Una uva que tratara de actuar como una ciruela sería un pésimo budín de Navidad, y se perdería la posibilidad de componer una botella de vino que se usara para celebrar la Santa Cena.

Una iglesia pequeña no es una iglesia grande en miniatura. Las iglesias pequeñas tienen su propio sabor y nutrientes distintivos. Una iglesia pequeña que intenta ser como una iglesia grande perderá todas las grandes cosas que sólo una iglesia pequeña puede hacer.

Este pensamiento erróneo de actuar como una iglesia grande ha llevado a la siguiente triste escena que se repite en miles de iglesias pequeñas de todo el mundo. Uno entra a un culto de adoración un domingo y ve a un puñado de personas, sentadas en filas, a menudo separadas por enormes espacios, mientras que un director de adoración o un pastor canta o predica como si hubiera mil personas en ese lugar. El pastor mira por encima de las cabezas de las personas en lugar de mirarlas a los ojos mientras les habla ***a*** ellos en lugar de hablar ***con*** ellos.

¿Por qué el pastor *hace* eso? Porque piensa que así es como se hace en una iglesia grande, y erróneamente cree que es un ingrediente básico para que su iglesia también sea grande.

Perdemos la intimidad en una iglesia grande. Parte de eso no tiene remedio. Pero qué triste es perder la intimidad en una iglesia pequeña cuando debería ser uno de nuestros mayores activos.

Aunque no hay mega-iglesias en mi ciudad, la iglesia que pastoreo está rodeada por algunas de las mega-iglesias más famosas del mundo en las ciudades contiguas. Un fin de semana, cualquier miembro de mi congregación pudiera ir a seis distintas mega-iglesias de reputación internacional, por no mencionar decenas no conocidas internacionalmente.

Hace años decidimos dos cosas con respecto a esas iglesias: primero, no estamos en competencia entre nosotros, y segundo, no trataríamos de ser versiones más pequeñas de ellas. Tratar de enseñar como Chuck Smith, cuando la gente puede escuchar al verdadero Chuck Smith a menos de diez minutos de nuestra puerta, no es lo que Dios nos puso aquí para hacer.

Así que, esto es lo que hicimos. Decidimos averiguar qué podíamos hacer que nadie más estuviese haciendo. Luego lo hicimos Esa ha sido nuestra identidad desde entonces.

Hubo momentos en que comenzamos un ministerio en particular para satisfacer una necesidad obvia en la comunidad, sólo para ver a otras iglesias comenzar a hacerlo un tiempo después, a veces mejor que nosotros. En casi todos esos casos, tan pronto como otra iglesia se fortaleció en ese ministerio, nos dimos cuenta de que nuestro tiempo con ese ministerio había terminado, así que dejamos de hacerlo y comenzamos a buscar otras esferas de necesidad que nadie más estaba supliendo.

Esos somos nosotros; los que iniciamos algo. Cuando otros empiezan a hacerlo, se lo dejamos y seguimos adelante. No es que tengamos que ser originales en lo que hacemos. La mayor parte de las ideas que hemos presentado son conceptos que tomamos prestados de iglesias en otros logares. No somos más creativos que otros, simplemente no vemos la necesidad de duplicar lo que otros en el vecindario ya están haciendo. Una de las ventajas de no ser grandes es que podemos comenzar un ministerio rápidamente lo mismo que dejar de hacerlo.

También descubrimos que éramos realmente buenos en capacitar a estudiantes y enviarlos mejor preparados para la vida. De modo que comenzamos un programa de formación, dirigido por mi asociado Gary García. Cada año, durante aproximadamente una década, de cuatro a seis jóvenes vienen de todas partes del mundo para vivir y trabajar con nosotros; los capacitamos de septiembre a junio. Otros vienen en las vacaciones de verano.

Debido a nuestro tamaño, pueden aprender liderazgo práctico a través de la experiencia en lugar de hacerlo en un salón de clases. Cuando terminan, noventa por ciento de ellos regresan a casa para bendecir a sus iglesias y comunidades.

Muchas iglesias pequeñas gastan un porcentaje menor de sus ingresos brutos en el ministerio directo que las iglesias grandes. Parte de eso tiene que ver con la eficiencia de los sistemas y una gestión más estricta en las iglesias grandes. Pero me pregunto qué parte de la ineficiencia de las iglesias pequeñas se debe a que tratan de pensar y actuar como una iglesia grande en lugar de apreciar y usar su tamaño actual para su máxima ventaja.

¿Será posible que la simple aceptación de nuestro tamaño y el uso de las ventajas que ofrece sea el mayor paso hacia la libertad de miles de iglesias locales, para que sean saludables y exitosas?

La mejor defensa...

La mayor parte de los mejores ministerios que comienzan en nuestra iglesia es cuando hacemos una cosa fundamental: dejamos de obrar en temor y avanzamos con confianza. El temor mantiene a más iglesias en la defensa que cualquier otra cosa. Una iglesia defensiva no puede hacer nada más que aferrarse a lo que es, hasta que generalmente también lo pierde.

Hace varios años volvimos a asfaltar el viejo estacionamiento de la iglesia. El asfalto apenas se había secado cuando oímos conmoción afuera. Unos adolescentes de la localidad aparecieron para andar en patineta (monopatín) sobre la nueva superficie lisa.

Así es. Los adolescentes simplemente aparecieron, dando vueltas por el estacionamiento de una iglesia, pensando que tenían derecho a usarlo como su propio patio de recreo. Tuvimos que decidir. ¿Tenían ese derecho, o no? ¿Habíamos construido el edificio fue recibir a la comunidad o para alejarla? ¿Colocaríamos letreros para que no entraran, o mandaríamos a hacer rampas para patinetas como invitación a que vengan?

Las iglesias en defensiva ponen letreros; las iglesias en ofensiva ponen rampas.

Ese fue uno de los momentos decisivos de la historia de nuestra iglesia. No sólo tenemos el único parque de patinetas en la ciudad, sino que esas rampas y la actitud que nos hizo ponerlas han marcado el tono de todo lo que hemos hecho desde entonces.

Aproveche las oportunidades cuando Dios se las dé.

Determine que el edificio de la iglesia servirá al ministerio, no *viceversa*.

Construya rampas, incluso si le cuesta más plazas de estacionamiento y seguro de responsabilidad civil de lo que cree que pueda pagar. Lo que obtendrá a cambio es de valor mucho mayor, literalmente eterno.

Desde el día en que escogimos rampas sobre letreros, cientos, tal vez miles, de niños han llegado a lo que ellos llaman *Iglesia de patinetas* para divertirse, conseguir amigos y escuchar acerca de Jesucristo. Muchos de ellos han decidido seguir a Cristo. Algunas de sus familias han seguido su ejemplo. Varios de ellos ahora vienen a la iglesia los domingos, mientras muchos de ellos sirven a Dios en decenas de otras iglesias.

A los pastores de iglesias pequeñas les gusta quejarse de que muchas iglesias grandes han dejado la pasión por competencia; pero, por otro lado, muchas iglesias pequeñas han dejado la innovación para sobrevivir: ofensa para defensa.

Nadie anota goles en defensa.

Y las rampas son más divertidas que los letreros.

Piense en gente, no en edificios

La iglesia no es un edificio. Sabemos que es cierto teológicamente; pero los pastores a menudo se comportan de maneras que enseñan lo contrario.

Comencemos con el presupuesto. ¿Cuántas congregaciones alrededor del mundo no tienen dinero "de sobra" para el ministerio porque gran parte se destina al mantenimiento de un edificio histórico, incluso si la "historia" está solamente en su mente? En una iglesia pequeña, especialmente, la hipoteca puede ocupar gran parte del presupuesto. Cuando el edificio tiene tanta prioridad, el presupuesto dicta nuestra teología.

¿Cuántas iglesias tienen una imagen de su edificio como enfoque en sus logotipos, en los boletines y en los sitios web? Al hacerlo, nuestro mensaje es: "este edificio es la iglesia". No digo que es malo usar la imagen de un templo, por supuesto. Los templos tienen función como un lugar de atracción para los cultos, y se debe mantenerlos en buen estado. Pero cuando ponemos el edificio en primer plano, nuestras decisiones de mercadeo dictan nuestra teología.

Pronto estamos debatiendo si podemos hacer el ministerio que Dios nos ha puesto porque el estacionamiento puede llenarse con restos de cigarrillos o los niños pueden ensuciar las alfombras. ¡Que Dios nos perdone cuando el problema de limpieza dicta nuestra teología!

Los edificios cuestan dinero. Más del dinero se debe invertir en gente y menos en edificios. Las iglesias pequeñas pueden funcionar con instalaciones más pequeñas o incluso sin edificios permanentes, si nos damos el lujo de pensar de esa manera. Tomemos decisiones sobre nuestros edificios, o la falta de ellos, y aprovechemos las ventajas de nuestro tamaño pequeño. Bendeciremos a Dios y también a los hermanos a quienes nos ha llamado a servir.

Mejor uso de nuestros recursos limitados

En una reciente reunión de pastores, un panel de pastores jóvenes dirigía una discusión sobre el libro de Dan Kimball, *They Like Jesus, but Not the Church [Les gusta Jesús, pero no la Iglesia].* Tenía deseos de escuchar a este panel porque realmente me gusta el libro de Kimball.

En un punto, la discusión del panel se centró en una declaración a Dan Kimball de un amigo inconverso: "Cómo quisiera que la iglesia no fuera todo sobre el edificio."[2] El panel propuso que un motivo de que los inconversos y los recién convertidos no dan tanto dinero como las previas generaciones es porque no confían en que la iglesia usa bien su dinero. Quieren ver que más de lo que contribuyen vaya directamente a ministerios a personas en vez de que sea para mantener sus estructuras físicas.

Uno de los pastores entre el público respondió: "¿No se dan cuenta de que es difícil hacerlo? Noventa por ciento de lo que contribuyen se necesita para pagar por edificios, salarios y mantenimiento. No esperan que la mayor parte del dinero que dan se destine a *un ministerio*, ¿verdad?" Pensé que él estaba siendo sarcástico y casi me reí *con* él, supuse. Entonces me di cuenta de que casi todos en la reunión estaban dando su "amén". Las respuestas llegaban rápidamente en apoyo. "Saben que es así para otras empresas e instituciones, ¿pero por qué no se acepta para nosotros?", fue una respuesta típica.

¡Así es! Piensan que no está bien para nosotros, porque ***no*** está bien para nosotros. Tenemos una norma más alta. O debiéramos tenerla. Todos, tanto dentro como fuera de la iglesia, tienen el derecho –no, no sólo el derecho, sino el *deber*– a dar su observación cuando caemos tan obviamente por debajo de ese nivel.

Ellos lo entienden. ¿Y nosotros?

Tanto en las iglesias pequeñas como en las grandes podemos ser mejores administradores si hacemos lo que hemos sido llamados a hacer en lugar de desperdiciar recursos en edificios, mantenimiento y estructuras, que a veces son como barreras en lugar de peldaños.

Misión al tamaño de la iglesia

Hace años estuve en una conferencia de pastores donde nos dijeron (erróneamente) que la declaración de misión de *Coca-Cola* era "poner una *Coca-Cola* en manos de cada persona del mundo"[3]. Lo que querían enfatizar era que si la empresa de *Coca-Cola* podía estar tan entusiasmada y exitosa en comercializar agua azucarada de color, deberíamos al menos estar tan entusiasmados y exitosos en comercializar un producto de valor infinitamente mayor. Nuestros sueños para la iglesia debieran ser al menos tan grandes como los de *Coca-Cola.*

Además de mi creciente rechazo a usar palabras como *comercializar* y *producto* en el contexto de predicar el evangelio, quizá se sorprenda al descubrir que estoy de acuerdo con esa premisa, en cierta medida.

Tal alcance generalizado y global es la misión de *la Iglesia*. Jesús lo dijo al dar su mandato: "Vayan por todo el mundo y anuncien las buenas nuevas a toda criatura."[4] Eso es al menos tan completo como la supuesta declaración de misión de *Coca-Cola*. Pero es la misión de *toda la* iglesia, no de cada iglesia *individual*.

No todas las iglesias tienen una misión tan grande como *Coca-Cola.* Algunos tienen una misión del tamaño de la empresa *Jones Soda*.

A veces se piensa que *Jones Soda* es una marca en contra de *Coca-Cola*. No pretenden ni esperan poner su producto en manos de todo el mundo. En cambio, se han propuesto satisfacer una necesidad que nadie más está satisfaciendo. Si nunca ha oído hablar de *Jones Soda*, es una pequeña y valiente compañía famosa por dos cosas: producir sabores únicos (como fresa y lima, y ¡refresco de pavo!) y poner fotos de sus clientes en sus botellas.

Jones Soda nunca será enorme. Nunca causará un momento de sueño perdido en la sede de *Coca-Cola*. Eso no le importa a esa empresa. La gente a la que le gusta *Jones Soda* es *muy* apasionada al respecto. Y nadie puede decir que no han tenido éxito en lo que se propusieron hacer.

Para usar otra ilustración del mundo de los negocios, no todos los restaurantes serán del tamaño de *McDonald's* ni de la calidad de una experiencia gastronómica de cinco estrellas. Tampoco deberían serlo, porque no a todos les gustan los restaurantes de cadena y aún menos pueden permitirse una excelente cena. El mundo necesita cafeterías, bistrós y cucharas grasientas. Los lugares que satisfacen las necesidades de los lugareños, expresan los sentimientos de la comunidad e inspiran a otros a abrir sus propios establecimientos.

Hay un restaurante en Nueva York llamado *Rao's* que tiene sólo diez mesas. Durante generaciones, *Rao's* ha sido uno de los restaurantes italianos más influyentes y respetados del mundo. Sus recetas e innovaciones han inspirado a muchísimos chefs de todo el mundo, que han pasado a alimentar y deleitar el paladar de quizá millones de comensales. Todo desde un restaurante que aún tiene solamente diez mesas.

De la misma manera, el modelo de mega-iglesia no es el único modelo de ministerio. Ese modelo resulta para las mega-iglesias. Eso es menos del uno por ciento de las iglesias del mundo. Pero es el único modelo del que escuchamos hablar o del que leemos regularmente. Eso tiene que cambiar.

El mundo sólo tiene espacio para un número limitado de mega-iglesias construidas sobre la base de una misión como la de *Coca-Cola*. Pero no hay límite a cuántas iglesias pequeñas pueden tener un impacto como el restaurante *Rao's*.[5] Tamaño pequeño, gran impacto. Me gusta pensar que "mi" iglesia puede ser una de ellas. En realidad, sé que la iglesia que pastoreo es una de ellas. Y no somos la única. Ni siquiera somos la única en nuestra ciudad. Hay muchas iglesias pequeñas que causan gran impacto que muy pocos conocemos.

Necesitamos más mega-iglesias en el mundo, al menos algunas más. Necesitamos también más iglesias pequeñas, ¡*muchas* más!

Edificio pequeño, gran reputación

La iglesia que pastoreo ministra a las personas, toca a nuestra comunidad, y se extiende a todo el mundo de forma extraordinaria. A pesar de eso, probablemente nunca seremos una iglesia grande.

Pero somos notorios.

Debido al tipo de ministerio que hacemos y la gran visión que tenemos, las personas que visitan las instalaciones de nuestra iglesia con frecuencia se sorprenden cuando les muestro los locales. Hay personas que me han preguntado cuándo les voy a mostrar el santuario principal *cuando estábamos de pie allí.* Es tan pequeño que suponían que estábamos en la capilla de oración. "Este es nuestro templo", les decía. Solía sentir vergüenza de admitirlo. Ahora me hace reír. Me encanta.

Somos más grandes que nuestro edificio.

La capilla principal de nuestro templo es la definición misma de una sala de usos múltiples. En ocasiones especiales podemos sentar a 175 personas, pero entonces está *muy* llena. Un par de veces hemos tenido hasta 230 personas allí, reduciendo los pasillos a casi cero y con personas de pie alrededor del borde y en el pasillo exterior.

Pero es la habitación más grande que tenemos, así que la usamos mucho. En una semana normal, la configuramos para distintos usos nueve o diez veces. En una semana ocupada, más de doce veces.

Estoy profundamente agradecido al pequeño ejército de voluntarios y al personal que hacen este trabajo todas las semanas con corazones felices y dispuestos. Admito que aún me frustran las restricciones de nuestro pequeño edificio. Créame, no rechazaría un edificio más grande si tuviéramos una oportunidad de conseguirlo. Pero esas frustraciones palidecen junto a la alegría que me da saber que estamos usando lo que tenemos de maneras nuevas e innovadoras. ¡Y son solamente los ministerios que se llevan a cabo dentro de la capilla! También hemos aprendido a usar el resto del edificio de manera creativa, y tenemos muchos ministerios que no dependen en absoluto de nuestras instalaciones.

Sean lo que son, y tengan abierta la puerta de salida

Las iglesias pequeñas que se destacan tienden a ser pequeñas *y* grandes (destacadas) por la misma razón. Han descubierto quiénes son y están enfocadas en hacer una cosa bien. Esa mentalidad centrada y apasionada de "una sola cosa" suele ser el factor que alimenta su éxito *e* impone un tope a su crecimiento numérico.

Potenciará su éxito, porque esa clase de pasión centrada atrae a quienes tienen una pasión similar. Pero también limitará ese crecimiento porque automáticamente excluirá a aquellos que no comparten esa pasión, lo cual limita su posibilidad de crecimiento numérico.

Sin embargo, otro error que creo que muchos pastores de una iglesia pequeña cometen, y ciertamente es uno que cometí, es ceder a la tentación de agregar a su "una sola cosa", o abandonarla, para crecer numéricamente. No es que nuestro enfoque nunca deba cambiar conforme pase el tiempo; pero creo que traicionar el enfoque y a uno mismo solamente para aumentar la cantidad de hermanos en la iglesia es una desventaja que lleva al declive.

En una dinámica iglesia pequeña es probable que muchas de las personas, incluso la mayoría, que asisten al culto de adoración, no comprendan o no les guste lo que usted hace. Así ha sido el caso en nuestra iglesia por años. Nuestra puerta de entrada es acogedora, pero la puerta de salida también está abierta. Sabemos que no a todos les gustará lo que hacemos y no nos incomoda eso.

Nuestra iglesia es muy activa e informal, el compañerismo es bullicioso, los adolescentes deambulan libremente, los tatuajes y las perforaciones son comunes. Algunas personas que visitan la iglesia esperan algo más típico de una iglesia, así que cuando ven todo lo que pasa antes del servicio, se sienten un poco incómodas, aunque por lo general reciben una cálida bienvenida. Los hermanos se acomodan y el culto comienza. La adoración es vibrante y animada, así que algunos de los nuevos comienzan a conformarse con apreciación por el ambiente relajado, mientras que otros se preguntan cómo en una iglesia se permite que los miembros del grupo musical vistan jeans o pantalones cortos, camisetas o vestidos, zapatillas o chanclas.

Al llegar a la mitad del servicio, tenemos un descanso para tomar café. Creemos que pasar un rato de camaradería es algo santo (quizá usted lo conozca como compañerismo), así que lo convertimos en parte de la experiencia de adoración. El hecho de que a los hermanos se los anime a dedicar cinco minutos a tomar un café, a deambular para conversar, y luego regresar a su asiento con un pastelito en la mano es más de lo que soportan algunas personas. También es una oportunidad. Si bien nunca se atreverían a levantarse y salir de un culto mientras todos están sentados y prestando atención, es muy fácil salir mientras las personas conversan y beben su café. Así que se van al auto y se marchan, preguntándose cómo lo que acaban de experimentar puede considerarse un culto de adoración.

Por supuesto, no tenemos la intención de alejar a la gente; pero también sabemos que ninguna iglesia puede satisfacer a todos. Si lo que acabo de describir es algo que lo llevaría a irse, está bien. La mayoría de los hermanos de nuestra iglesia probablemente se irían de una iglesia donde todos visten traje y corbata, cantan himnos, y escuchan a un coro uniformado. A cada cual lo suyo.

No sentimos la necesidad de hacer sufrir a una visita durante todo un culto que no le gusta, así que les damos una salida fácil. No necesitan quedarse si lo que hacemos no les agrada. Además, si se fueron a la hora del café, la ventaja es que no fue mi predicación que los asustó, ¿no es cierto?

Cuando uno se enfoca en ser quién es sin preocuparse por aquellos a quienes no les gusta, a mucha gente no les gustará. Pero a los que les gusta, les encantará. A la gente que les gusta lo que hacemos, *realmente* les gusta. Muchos han preguntado dónde ha estado este tipo de iglesia durante toda su vida. Cuando se sienten tan entusiasmados, se comprometen de corazón y alma a la misión.

Tal vez no resulte una iglesia grande de esa manera, pero cuando usted y su congregación se sienten cómodos en lo que hacen y siguen el camino por el que Dios les está guiando, el resultado será una gran iglesia. Habrá menos estrés y más efectividad en el ministerio, aunque no crezcan en grandes números.

Para adaptar una cita de Gil Baile: "No se pregunte qué necesita el mundo. Pregúntese qué le hace cobrar vida (y a su iglesia), y vaya a hacer eso, porque lo que el mundo necesita es más gente (e iglesias) que ha cobrado vida."[6]

Necesidades de la nueva generación

En los últimos años, muchas mega-iglesias han ampliado sus ministerios con la oferta de múltiples sedes, ya sea dentro o fuera del recinto, con diferentes estilos de culto en cada lugar. Tal iglesia puede tener un culto contemporáneo para adultos en su auditorio principal, mientras que en otros lugares ofrecen música country, alternativa, tradicional, etc., con sesiones de alabanza y adoración programadas para terminar cuando el pastor está listo para predicar en vivo en la sala principal, vinculada a pantallas de video en esos otros lugares.

Eso es genial. He asistido a un par de esas iglesias y he disfrutado de la oportunidad de elegir un estilo diferente de adoración. Pero a algunas personas simplemente no les gusta un ambiente grande, por más estilos de adoración que se les ofrezca.

En *Les gusta a Jesús, pero no la iglesia,* Dan Kimball refiere algunos de los sentimientos que las nuevas generaciones de inconversos tienen acerca de Jesús y la iglesia. El resultado principal se refleja en el título, por supuesto; pero otros hallazgos también son interesantes. Una joven expresó su deseo de una iglesia que fuera más pequeña e íntima. Lo expresó así bellamente: "Haz de la iglesia un club de lectura con alma."[7] Ella no es la única que tiene ese anhelo.

Un amigo inconverso de Kimball le dijo: "... creo que las reuniones deberían ser más pequeñas. De vez en cuando, una reunión grande es genial, pero no como la norma."[8] Otro le preguntó: "¿Acaso Jesús no pasó la mayor parte de su tiempo en entornos más pequeños, con grupos más pequeños? ... Apuesto a que allí es donde aprendieron más de Él, y no cuando estaba en las masas con las multitudes."[9]

Algo de lo que los jóvenes quieren y necesitan de la iglesia no tiene nada que ver con el estilo de la música. A muchos simplemente no les gusta el ambiente corporativo de una iglesia grande. Lo que toca su corazón sólo puede llevarse a cabo en un entorno más pequeño.

"¡Abuela, te guardaré un asiento!"

Otra palabra lema dentro del movimiento de crecimiento de la iglesia es homogeneidad: el concepto de que se puede edificar una iglesia más grande si todos en ella tienen características comunes. Sobre la base de ese principio, pastores y líderes de todo el mundo han decidido que "este es el tipo de persona que nuestra iglesia intenta alcanzar". A veces hacen un dibujo o toman una foto de su "objetivo" y le dan un nombre. Luego diseñan los mensajes, la publicidad, los programas y el propio edificio para darle a esa persona lo que está buscando.

En muchos casos parece funcionar. Las personas con estilos de vida, antecedentes, necesidades y estrato socio económico similares se sienten atraídas por un lugar que les brinda justamente lo que están buscando. Cuando todos se reúnen, aunque no se conocen, están sentados junto a personas que se parecen mucho a ellas.

Las iglesias pequeñas son por lo general más *hetero*géneas. Los jóvenes y los ancianos se sientan juntos porque la iglesia no tiene un servicio juvenil al mismo tiempo que el culto principal. Los ricos y los pobres se conocen en el pasillo. Los creyentes de muchos años y los inconversos comentan temas juntos porque no hay suficientes personas nuevas o un aula adicional para dictar una clase semanal sólo para los interesados.

Las iglesias pequeñas se las arreglan sin algunas comodidades y a menudo carecen de la calidad que los que asisten a una iglesia grande esperan. Pero lo que las iglesias pequeñas pierden en servicio al cliente lo adquieren en las relaciones porque estas iglesias nos permiten (*nos obligan,* a veces nada más que por la proximidad física) conocer a personas que *no son* iguales a nosotros.

Adorar al Señor solamente con personas que se parecen a nosotros no es saludable ni bíblico.

La iglesia primitiva fue el primer movimiento en la historia que revertió el requisito social de que esclavos y libres, judíos y gentiles, hombres y mujeres, ricos y pobres vivieran, comieran, trabajaran y rindieran culto por separado. Cuando las iglesias del primer siglo, de menos de cien personas, se reunían en hogares para adorar, tener compañerismo y celebrar la Santa Cena, se borraron las diferencias de género, etnia y estrato social. La iglesia fue la primera estructura de la sociedad que *jamás* hizo esto. Parece contraintuitivo que alguna vez podamos tener otra renovación espiritual sin que esto sea parte central nuevamente.

“Vayan por...” y “Ven a ver”

A fines de la década de 1990 empecé a darme cuenta de algo nuevo a la venta en *Starbucks*. Además del café, vendían juegos. Específicamente, un juego divertido llamado *Cranium.* En 2001 fue nombrado Juego del Año y desde entonces *Cranium Inc.* ha tenido dos más de sus productos llamados Juego del Año.

Ahora bien, ¿qué tiene que ver la venta de juegos en *Starbucks* con iglesias pequeñas? Hace varios años, cuando el gurú publicitario Donny Deutsch tenía su propio programa de televisión por cable, me topé con una entrevista que hizo con el cofundador de *Cranium*, Whit Alexander. El espectáculo de Deutsch era una exploración de la iniciativa empresarial, por lo que le preguntó a Alexander sobre el inicio de *Cranium*, específicamente por qué decidieron vender su juego en *Starbucks* en lugar de las acostumbradas tiendas de juegos o en tiendas como *Público* y *Wal-Mart*.

La respuesta de Alexander fue simple. "Decidimos llevar los juegos adonde estaba la gente, en lugar de llevarlos adonde se venden los juegos." Excelente. Resistiré la tentación a decir que estos tipos realmente usaron su cráneo.

En la Biblia, la gente llegó a la fe en Cristo de dos formas. Primero, después de que Jesús le pidió a Felipe que lo siguiera, Felipe corrió a reclutar a Natanael. Natanael era escéptico, por lo que Felipe dijo tres palabras para convencerlo: "Ven a ver"[10]. Segundo, cuando Jesús les dijo a los discípulos que tenían el deber de anunciar su fe a los demás, les dijo: "Vayan por todo el mundo y anuncien las buenas nuevas a toda criatura."[11]

"Vayan por... " y "Ven a ver"

A lo largo de la historia de la iglesia, hemos usado ambas estrategias. Pero es seguro decir que hemos aprendido más del modelo "ven a ver" que de "vayan por...". Los misioneros que salen a evangelizar generalmente levantan una tienda de campaña o abren un local de cultos. Luego invitan a la gente a "venir a ver" lo que pasa dentro de los límites de la carpa o del local. "Vayan por..." se desvanece en el fondo, mientras que "ven a ver" predomina.

Eso es sin duda lo que ha pasado con noventa por ciento de las iglesias norteamericanas y europeas. Construimos edificios, realizamos conciertos o anunciamos nuestros servicios de Semana Santa. Ponemos las cosas de la iglesia donde se supone que deben estar las cosas de la iglesia, y pedimos a la gente que "venga y vea".

Cranium sabía algo que la iglesia necesita volver a aprender. Cuando vendes juegos donde se venden juegos, aparecen personas que juegan, pero pocos otros. Cuando pones cosas de la iglesia en lugares de la iglesia, aparecen personas de la iglesia, pero pocas otras.

Al poner sus juegos en las tiendas de *Starbucks* en lugar de las tiendas de juegos, *Cranium* vendió mucho más de lo que jamás se pensaba que vendería, y principalmente a personas que nunca siquiera pensaron en comprar un juego. Crearon nuevos clientes de juegos cuando decidieron "ir..." a una cultura existente en lugar de sentarse en una subcultura preconstruida y pedir a la gente que "venga y vea" lo que tenían para ofrecer.

Las iglesias pequeñas pueden ir a otra cultura. Es una de las ventajas de ser pequeño. Podemos llevar a la iglesia a los lugares donde están los inconversos.

Por ejemplo, hace varios años, después de tener un par de experiencias pastorales difíciles, en iglesias grandes, Norb Kohler (que resulta ser mi cuñado) estaba parado frente a la fuente junto a un teatro multiplex en un nuevo centro comercial al aire libre, cuando sintió un impulso interno. *¿Cómo sería traer a la iglesia aquí en lugar de esperar que la gente vaya a nosotros?* se preguntó. Él y mi hermana Kathy comenzaron a hablar del asunto y a orar. Luego llamaron a otros para hablar y orar un poco más. Para resumir, hoy su iglesia se ha convertido en parte de la cultura de ese centro comercial.

Sus servicios dominicales comienzan junto a la fuente donde Norb sintió ese primer impulso. La gente pasa como media hora charlando, tomando café y comiendo bocadillos. Luego entran en a uno de los teatros para una breve charla de Norb, y cierran con un tiempo de adoración unida. La gente que llega para ver una película ese día, mira la lista de películas y ve el anuncio de esta iglesia que ofrece un culto en uno de los salones del teatro.

Durante la semana, Norb pasa muchas horas de ministerio, no en la oficina de la iglesia, porque no tiene oficina ni templo, sino con los empleados, los gerentes y los propietarios de las tiendas y los restaurantes. Al hacerlo, se ha convertido en el capellán no oficial de un gran centro comercial suburbano. Los empleados que nunca han asistido a un culto le han dicho que lo consideran su pastor, y lo es.

Cuando mi sobrina, Natalie, se conmovió por la difícil situación de las jóvenes vendidas como esclavas en toda Asia, comenzó a recaudar fondos para ministerios que les compran la libertad a estas mujeres. En lugar de pedirles a hermanos de la iglesia que "vengan y vean" lo que este ministerio está haciendo, ella y la iglesia lo llevaron al centro comercial. Se reunieron alrededor de la fuente, llevaron galletas y pasteles y vendieron boletos de "consume todo lo que quieras" por una donación de diez dólares a la gente que estaba en el centro comercial para hacer compras o ver una película.

Cuando los restaurantes en el centro comercial supieron lo que estaba pasando, le ofrecieron ayuda. Enviaron a sus empleados a dar vueltas con bandejas de muestras gratis. A nuestra iglesia le gustó tanto la idea que nos unimos con ellos, junto con otras pequeñas congregaciones locales, para patrocinar el evento del próximo año. Así que, durante los últimos dos años, en medio de un centro comercial suburbano, personas de varias iglesias pequeñas y ministerios poco conocidos se han unido con gente que ha ido al cine o a hacer compras, y con empleados de restaurantes, para comer, conversar y donar dinero para salvar la vida de niñas y jovencitas al otro lado del mundo.

Sí, las iglesias grandes hacen impacto en una cultura; pero una vez que una iglesia alcanza cierto tamaño, pierde su capacidad de invadir una cultura, tanto que se forma una subcultura alternativa. Las iglesias grandes no pueden entrelazarse en la cultura de un centro comercial. Las iglesias grandes *compran* centros comerciales y los convierten en zonas sólo para cristianos. Eso tiene valor; pero no es lo único que hemos sido llamados a hacer.

Las iglesias grandes generalmente hacen muy bien el ministerio de "ven y ve". Por ejemplo, para tener suficiente terreno para edificar, casi todas las iglesias grandes tienen que comprar propiedades fuera del lugar donde vive la población, a veces anticipando hacia dónde se dirige la ciudad. Luego oran, trabajan y crean estrategias para que su edificio y su ministerio sea un imán suficientemente grande como para atraer a la gente. Muchos tienen éxito en esto, lo cual me llena de satisfacción.

Pero las iglesias pequeñas son ideales para reunirse alrededor de una fuente en un centro comercial, si hacen dos cosas: mantienen una gran visión y se quedan en la ofensiva. También pueden reunirse en un bar o un restaurante en el centro comercial, ¡y no me refiero a que compren el bar y lo transformen en templo! Quiero decir que vayan al bar y hablen de Cristo con la gente que está allí. Definitivamente, no me refiero a que algún predicador secuestre el escenario con su grupo de adoración y pida a los clientes del bar que canten alabanzas al Señor. Esa es la costumbre de la iglesia. Las iglesias pequeñas no tienen que hacerlo como se acostumbra.

Captando una visión más grande

Entonces, con todas estas posibilidades a nuestro alcance, ¿dónde están todas las iglesias pequeñas dinámicas y visioneras?

Están por todas partes.

Y aparecen más cada día.

Por ejemplo, Frank Wooden es pastor de una iglesia de cien miembros en San Diego, California. El año pasado, han abierto tres nuevas iglesias, una congregación en español y dos en el corazón urbano de San Diego. Tienen planes en marcha (no sólo esperanzas y sueños, sino *planes* concretos) para abrir varios nuevos lugares de adoración el próximo año; eventualmente abrir cincuenta iglesias vecinales en San Diego durante la próxima década.

Dejaré que Frank le diga por qué. "La filosofía detrás del enfoque de vecindario es que en cada lugar tengamos ciertos elementos esenciales en común con los otros lugares de culto, mientras mantenemos distintivos que nos permiten llegar a cada vecindario. La predicación en cada lugar de cultos será en vivo, no en video, y muchos serán en español. Cincuenta lugares de culto vecinales, de cien a doscientas personas, tendrán un mayor impacto en una ciudad como San Diego que una iglesia de cinco mil en un solo lugar. Este enfoque realmente aprovecha el tamaño más pequeño como una ventaja, en lugar de que sea una desventaja."[12]

Si pudiera repetir mi conversación de hace veinte años, con el pastor que estaba preocupado de que ninguna de las iglesias de mi comunidad "estaba haciendo algo", con gusto le señalaría iglesias de todos los tamaños que están haciendo grandes cosas. Lo hicieron entonces y lo hacen ahora. Yo estaba demasiado cegado por "el mito del saltamontes" para verlos.

Sí, las iglesias pequeñas con visión grande están en todas partes. Pero no hay suficientes. Se deben abrir más iglesias pequeñas, y las iglesias pequeñas que hay deben descubrir y abrazar su propia y más grande visión dada por Dios.

Capítulo 9

Una carta abierta

A mis compañeros pastores de iglesias pequeñas:

Ustedes y yo tenemos una gran responsabilidad.

Dios ha confiado a nuestro cuidado la fuerza más poderosa de la tierra: una iglesia pequeña.

Quizás en este momento no le parezca así. Tal vez nunca lo haya sentido así. Sin embargo, es verdad.

Déjeme demostrárselo.

Somos millones en todo el mundo. No importa cómo usted calcule los números, incluso según las estimaciones más conservadoras, más personas han puesto, voluntariamente, su vida espiritual bajo nuestro cuidado, que bajo el cuidado de cualquier otro grupo de personas en la tierra.

Mire los números en bruto conmigo. Según todos los informes, hay entre dos y tres mil millones de personas que se llaman cristianas y asisten a una iglesia regularmente. Veamos el más bajo de esos números: dos mil millones de personas.

De esos dos mil millones, más de la mitad asisten voluntariamente a una congregación local de menos de 350 personas.

Eso es más de mil millones de personas que eligen venir a nuestras iglesias.

Si esos números son ciertos (y le aseguro que son conservadores), ¿por qué tantos de nosotros nos sentimos solos, frustrados, con bajo rendimiento, incluso amargados, en lugar de estar entusiasmados y fortalecidos, y sentirnos vitales y necesarios? ¿Y por qué es probable que esta sea la primera vez en su vida que ha escuchado estos datos sobre el ministerio de una iglesia pequeña?

Parte de la razón se debe a que este es probablemente el primer libro que ha leído sobre el pastorado, que no haya sido escrito por un pastor de una mega-iglesia o por un investigador cuyo enfoque principal han sido las mega-iglesias. Eso no es necesariamente algo malo; es simplemente la realidad.

Conozco sus frustraciones porque soy uno de estos pastores. Por más de 25 años he sido pastor de una iglesia pequeña. Más de 20 años en la iglesia a la que sirvo actualmente. Mi congregación ha sido tan pequeña como de 35 miembros y tan grande como de 350. Actualmente comprende un poco más de 200.

Otra razón de que los pastores de iglesias pequeñas se sienten frustrados es que nos han dicho durante años que una iglesia exitosa es siempre una iglesia que va aumentando en número. También, que solamente las iglesias que crecen en número se consideran exitosas. Muchos de nosotros lo hemos creído. Yo lo he creído.

Otra razón de nuestra frustración es que cuando miramos en lo más profundo de nuestro corazón, por más que trabajemos, por más apasionados que nos sintamos o nos hayamos sentido por el ministerio, casi todos sabemos que podemos hacer un mejor trabajo de lo que hemos hecho.

Pero es difícil mejorar cuando los recursos son limitados, cuando los problemas financieros golpean primero las donaciones voluntarias de las personas, cuando la mayoría tenemos que tener otro trabajo, fuera del pastorado, para pagar las cuentas de nuestra familia (y las de la iglesia), y cuando creemos que a nadie le importa nada de eso, incluso a los representantes de la denominación, los organizadores de conferencias ministeriales, los defensores del crecimiento de la iglesia, los autores de libros pastorales y, tal vez sobre todo, otros pastores de una iglesia pequeña. ¿Por qué no, por lo menos, nos apoyamos el uno al otro?

Es hora de que eso cambie.

Aquí le doy más números. Hay aproximadamente 4.000 mega-iglesias en el mundo, que brindan el principal apoyo espiritual a cerca de 100 millones de personas cada semana.[1]

Me siento agradecido de tal ministerio. Los pastores de mega-iglesias han hecho, y siguen haciendo, una gran obra para el reino de Dios, que las comunidades, las culturas y las naciones debieran reconocer y celebrar mucho más de lo que lo hacen.

Los pastores de iglesias pequeñas a veces se quejan de que los pastores de mega-iglesias reciben más crédito que nosotros, pero también reciben mucha más crítica. El fin de semana que estalló el escándalo de Ted Haggard, el grupo de jóvenes de nuestra iglesia fue el anfitrión de un equipo de teatro juvenil de la iglesia afectada en Colorado Springs. Ese domingo por la mañana Dios nos dio el triste privilegio de lamentar la situación con esos jóvenes, mientras la atención nacional se enfocaba como un rayo láser en su pastor y sus pecados. Necesitamos recordar que el centro de atención en la mega-iglesia, que a veces deseamos se centrara en nuestros éxitos, es destructivamente una supernova en nuestros fracasos y pecados.

Los pastores de mega-iglesias suelen ser la única cara de la iglesia para gran parte del mundo. Como compañeros pastores necesitamos apoyarlos con nuestras oraciones. Personalmente, quiero agradecer infinitamente a aquellos cuyos ministerios me han beneficiado personalmente, principalmente a través de sus libros.

Pero, compañeros pastores de una iglesia pequeña, el tamaño de su tarea palidece junto al nuestro.

De nuevo, veamos los números. Los pastores de mega-iglesias supervisan iglesias con cifras de asistencia semanales de 2.000 a 20.000 a la congregación más grande del mundo con casi 1.000.000 de congregantes cada semana (Asamblea de Dios Yoido en Seúl, Corea del Sur). Pero son alrededor de 100 millones de personas en mega-iglesias, a lo sumo, mientras que los pastores de iglesias pequeñas son responsables de mil millones de personas como mínimo.

¿Me hice entender? Las iglesias pequeñas ministran a diez veces más personas cada semana que las mega-iglesias. *¡Más de mil millones de personas!* Eso es más que cualquier denominación cristiana, incluidos los católicos. Más que todos los judíos, musulmanes, hindúes o budistas de la tierra.

Precisamente porque se encuentran dispersos en pequeños grupos en toda la faz de la tierra, en lugar de estar agrupados en cantidades más grandes, las iglesias pequeñas tienen acceso inmediato a las comunidades, las familias y los individuos, haciéndolas la mayor fuerza, más fácilmente desplegada para la transformación espiritual, el estímulo emocional, y el sustento material que el mundo jamás ha visto. ¡Es hora de poner manos a la obra! Pastores de iglesias pequeñas, ¡tenemos el dedo en el gatillo! Podemos retener o liberar este poder redentor a un mundo que nunca nos ha necesitado más de lo que nos necesita ahora.

Esta es una responsabilidad increíble y sagrada.

Me temo que no hemos cumplido bien con esa responsabilidad.

Necesitamos hacerlo mejor. Podemos hacerlo mejor. Con la ayuda de Dios lo haremos mejor.

No más sentirme culpable de que la asistencia en “mi” iglesia no esté creciendo. No más trabajar fuera de mis dones primarios, para hacer cosas que ni yo ni la iglesia fuimos llamados a hacer. No más celos de la iglesia en la otra calle o tratar de encontrar una justificación teológica para despreciar al predicador en la televisión.

En cambio, aceptemos quiénes somos. Hagamos lo que Dios nos está llamando a hacer. Seamos un buen pastor de la iglesia que tenemos, y no de la que deseáramos tener. Cuando lo hagamos, que el mundo vea con asombro lo que un ejército de iglesias pequeñas, y los más de mil millones de miembros en esas iglesias, pueden hacer para traer el poder sanador de Cristo a un mundo lleno de dolor.

Capítulo 10

Dios no pasa lista de asistencia

Sentarse en la iglesia no es el final del juego.

Nunca lo ha sido.

Se supone que es un medio para un fin.

No importa el tamaño de su iglesia, cada pastor enfrenta el desafío de tratar de guiar a los hermanos por las etapas de crecimiento espiritual. Específicamente, es difícil llevar a algunas personas más allá del pensamiento de que pasar en la banca una hora más o menos en un culto de adoración dominical cumple con alguna obligación religiosa en un libro de asistencia celestial.

Se supone que los servicios de fin de semana son un tiempo de adoración, aprendizaje y compañerismo para que tomemos esa experiencia y vivamos para Cristo todos los días. Si todo lo que hacemos es sentarnos a soportar (o sentarnos a disfrutar), no hemos entendido el significado. Después de todo, como me gusta recordarle a mi congregación, Dios no pasa lista de asistencia.

¿De dónde saca la gente esta idea equivocada sobre la importancia de la asistencia a la iglesia? La obtiene de nosotros, compañeros pastores; sí, de nosotros.

Les decimos a nuestras congregaciones en sermones, lemas, declaraciones de misión y gráficos que la asistencia a la iglesia no es el final del juego. Luego, en la mayor parte de nuestra comunicación publicitaria, les damos el mensaje opuesto.

Les decimos que la asistencia a la iglesia es lo que más le importa a Dios...
... cuando usamos cifras de asistencia para determinar el éxito o el fracaso de la iglesia.
... cuando lo hacemos un sacramento.
... cuando tomamos como ejemplo de santidad a los hermanos que están en la iglesia "cada vez que se abren las puertas".
... cuando damos premios a las iglesias cuya asistencia al culto dominical ha crecido, mientras ignoramos, intentamos de arreglar, o pensamos en cerrar las que no crecen en número.
... cuando pasamos gran cantidad de tiempo, invertimos dinero y dedicamos horas de trabajo en programas que promueven la asistencia para que podamos jactarnos de la cantidad de personas que hubo en iglesia el último domingo.
... cuando nuestro cónyuge y nuestros hijos no sepan si anticipar o temer el almuerzo del domingo con nosotros hasta que vean cuán lleno o vacío estuvo el templo esa mañana.
... cuando criticamos a las familias de la iglesia por pasar demasiados fines de semana de paseo.
... cuando no pasamos tiempo un fin de semana yendo de paseo con nuestra propia familia.
... cuando sabemos cuántas personas estuvieron sentadas en la iglesia en la mañana, pero no tenemos idea de cuántas personas duermen en las calles de nuestra ciudad en la noche.

¿Qué cuenta Dios?

Sé lo que algunos de ustedes pensaron al momento de leer el

encabezado de este capítulo. Después de todo, he leído todos los libros que usted supuestamente ha leído y he asistido a los mismos seminarios.

"¡Por supuesto que Dios pasa lista de asistencia!"

"¿Qué hay de las almas?"

"¡Contamos a la gente porque la gente cuenta!"[1]

"Si Dios no estuviera interesado en los números, ¡no habría todo un libro en la Biblia llamado Números!"

Ese último es mi favorito. Sí, es cierto que uno de los sesenta y seis libros de la Biblia se llama Números. También es cierto que cuarenta libros de la Biblia tienen nombres de individuos, incluso los cuatro Evangelios. Trece libros llevan el nombre de grupos, y ocho de ellos tienen nombres de ciudades o regiones donde la gente se congregaba casi exclusivamente en casas (por tanto, iglesias *muy* pequeñas).

Si está llevando la cuenta, aquí están las cifras hasta el momento.

Biblia, 66 libros
Individuos, 40 libros
Grupos de personas, 13 libros
Iglesias pequeñas, 8 libros
Números, 1 libro

Estoy del todo dispuesto a usar la escala de libros de la Biblia para que nos digan cuán importantes deben ser para nosotros los números. Pero tenemos que usar *toda la Biblia* cuando lo hagamos.

Antes de pasar de este tema, no simulemos que la mayoría no conoce la fuente de las citas del "libro de Números" o de que "la gente cuenta". La cita de que "la gente cuenta" se hizo famosa por Rick Warren en *Una Iglesia con Propósito*. Ésta, juntamente con la cita del "libro de Números", ha sido repetida por él en seminarios tan a menudo que probablemente esté cansado de oírse decirlas. Tengo algo de simpatía por el lugar de donde creo que provienen.

Primero escuché a Rick usar esas citas cuando asistí a una de las conferencias de pastores cuando los "edificios" de la iglesia de *Saddleback* eran tiendas de campaña. Fue un seminario maravillosamente útil, del cual obtuve muchos conocimientos y sentí el gran apoyo que Rick daba a sus compañeros pastores. En ese entonces, gran parte de la crítica, mayormente injustificada, que se dirigía contra él y otros pastores de mega-iglesias provenía de gente que creía que estas iglesias eran una plaga para el reino de Dios simplemente porque eran tan grandes. Esa crítica era tan mala y mezquina como la que proviene de los que desprecian a las iglesias pequeñas por ser pequeñas.

Era injusto que Rick Warren tuviera que defender su éxito numérico. Creo que en su mayor parte la crítica tenía que ver con celos. Y tengo que admitir que, como estoy geográficamente tan cerca de *Saddleback* que muchas personas pasan por nuestra iglesia para llegar a la de Rick cada fin de semana, también he sentido algo de esos celos.

Está mal tener esos celos. No sólo está mal tenerlos. Esos celos son pecado.

Muchos pastores de mega-iglesias han sido de bendición para mí y para millones de personas. Hay lugar en el plan de Dios para todos. Rick Warren nunca debería haberse sentido forzado a buscar cómo justificar el hecho de que más personas se presentan en su iglesia que en la mía.

Hace un par de años tuve un momento de "lucidez" que me dio una nueva y sorprendente percepción del fenómeno de por qué a algunos pastores les inspiran los números y a otros no. Fue mi primera conferencia de *Catalyst* en 2009. Andy Stanley estaba entrevistando a Rick Warren. (Conferencias como ésta son otro ministerio importante que las mega-iglesias pueden proporcionar, algo que las iglesias pequeñas no pueden hacer.) La entrevista fue de buen humor y las bromas entre estos pastores de mega-iglesias parecían genuinamente cálidas y amistosas. En un momento, Andy le pidió a Rick que se dirigiera a algunos de sus críticos, particularmente a aquellos que dicen que las mega-iglesias están demasiado interesadas en los números. Rick habló apasionadamente al respecto e incluyó sus citas del "libro de Números" y de "la gente cuenta" en su respuesta.

Más adelante en la entrevista, el tema cambió al desgaste pastoral. Rick Warren sugirió sabiamente que los pastores necesitan honrar el descanso semanal dedicando un día completo, que no sea el domingo, a hacer cosas que no estén relacionadas con el trabajo. Dijo que como trabajamos con la cabeza durante el resto de la semana, es una buena idea trabajar con las manos en nuestro día de reposo. Rick lo hace en su jardín, nos dijo. Le encanta la terapia de sembrar y cultivar. No recuerdo las cifras exactas, pero Rick se puso muy alegre cuando comenzó a decirle a Andy que actualmente estaba cultivando doce variedades de flores, siete tipos de vegetales, nueve árboles frutales, y más. Andy interrumpió esta lista para hacer la observación con ligereza (y ésta *es* una cita correcta): "Rick, no sólo cuentas a la *gente*, ¡cuentas *todo!*" Hubo risas; del público y de Rick.

Muy bien hecho, pensé.

No dudo de la pasión de Rick Warren por la gente. Más personas vienen a Cristo y son discipuladas en un solo año por el impacto de su ministerio que las que probablemente serán salvas y discipuladas durante todo mi ministerio. Creo que Rick Warren y muchos otros pastores de mega-iglesias cuentan a la gente porque para ellos la gente realmente cuenta.

También sé esto: ¡*Algunos pastores cuentan a la gente porque los pastores cuentan todo!* Así son. Su gran interés está en los números. Así los hizo Dios y es una forma en que se motivan y quedan motivados. Como Rick mismo diría en su clase de discipulado, que así es su corazón.[2]

Pero no todos los pastores están hechos de esa forma. La mayoría no somos así. Sé que yo no lo soy.

Prefiero relacionarme con los hermanos y contar sus testimonios personales que recitar números. Prefiero conocer a las personas en un grupo de hogar que dedicarme a la logística de una campaña para alcanzar toda la ciudad. Prefiero asistir a una conferencia de mega-iglesia que organizar una. Y prefiero ver que las iglesias pequeñas, medianas, grandes y mega se unan en una causa común, en lugar de seguir discutiendo sobre qué tamaño de iglesia es el "debido".

El amor cuenta

¿Por qué estamos obsesionados con el tamaño de una iglesia? ¿Será porque la mayoría de los pastores son hombres, y la comparación de tamaño es algo típico de los hombres? ¿O nos hemos desviado tan lejos del objetivo original de Jesús?

Ama a Dios. Ama a tu prójimo. Eso es todo.

Jesús nos lo dijo, muy claramente.

Hace algunos años asistí al servicio conmemorativo de Mark Armstrong, un amigo que pastoreaba una iglesia pequeña en el centro de *Orange*, California, cerca de un lugar llamado *Orange Circle*. Al tiempo de ese servicio, estaba llevando un diario para una asignación de la universidad. Esto es lo que escribí el día del funeral de Mark:

> *Asistí hoy a un servicio en memoria de un amigo que había sido pastor de una iglesia muy pequeña en Orange Circle, durante 52 años. Menos de 50 personas casi todos los domingos. A mucha gente probablemente le parecía que los días de gloria del ministerio de Mark habían pasado hace décadas. Debo admitir que me pareció así personalmente. Pero me gustaba Mark*

y disfrutaba del aliento que me daba cuando solía visitarlo.

Lo que no me daba cuenta –y tal vez nadie lo observó hasta el funeral– era que mi experiencia con él se multiplicaba entre cientos, tal vez miles de personas. Hasta el día de su muerte. El santuario, la sala de confraternidad y el jardín al aire libre alrededor del templo se llenaron hoy con más de mil personas, entre ellas por lo menos cincuenta pastores. Algunos de ellos hablaron sobre cómo Mark los había animado cuando estaban deprimidos y había salvado su ministerio en un tiempo crítico.

Éste era un hombre que, casi invisiblemente, tocó la vida de personas comunes en todo Orange Circle, y de pastores y ministerios de todo el mundo. Lo vimos un poco hoy en un servicio conmemorativo de dos horas, que podría haber durado dos días si todos los que querían decir algo hubieran podido hacerlo.

Ama a Dios, ama a tu prójimo. Con mucha frecuencia es más una consigna para mí que un estilo de vida. No era una consigna para Mark. Él lo vivió.

Hasta hoy vi su vida como promedio, quizá menos que promedio. Hoy la vi como el gran logro que fue. Pero a diferencia de casi todas las comparaciones de mi vida con una vida de grandeza, ésta no me acobardó ni me hizo sentir inadecuado. Mark no tenía habilidades extraordinarias. Su éxito no se debió a lo que hizo, sino a quién era y cuánto amaba.

Amar a Dios y amar al prójimo no es una estrategia de crecimiento de la iglesia. No es un medio para un fin. Es el medio *y* el fin.

No es: "ama a Dios y ama a tu prójimo, entonces se llenarán los asientos en tu iglesia", una opinión que he escuchado en muchos seminarios de pastores, aunque no nos atreveríamos a usar esas palabras. *Decimos* cosas similares, pero Jesús nunca lo dijo.

Ama a Dios, ama a tu prójimo, eso es todo. Fue bueno para Jesús. Porque fue bueno para Jesús, fue bueno para mi amigo Mark. Debería ser bueno para nosotros también.

La razón de que debemos amar a Dios y amar al prójimo no es para que cuando lleguemos al cielo Jesús nos diga: "¡Bien, siervo bueno y fiel, esa estrategia llenó las bancas para el drama de Navidad!" Se supone que debemos amar a Dios y al prójimo porque (*prepárese para oírlo)...* ¡Dios realmente quiere que *amemos a Dios y al prójimo!* ¡Qué concepto!

Cuando lleguemos al cielo, creo que lo mejor que podemos esperar oír de labios de Jesús será: "Bien, hijo mío, amaste a Dios y amaste a tu prójimo. Ahora pasarás la eternidad amando a Dios y amando a tu prójimo."

En algunos entornos, amar a Dios y amar al prójimo tendrá el efecto secundario de atraer a miles de personas a una inmensa catedral. Pero no será así en el mayor de los casos. No hay problema.

La razón de que tanto las iglesias mega como las pequeñas a veces tienen que luchar para justificar su tamaño es tan antigua como la naturaleza humana. El apóstol Pablo descubrió esto en la ciudad de Corinto, donde constantemente peleaban entre cristianos. Su severa reprimenda a ellos, con un agudo aguijón de sarcasmo en el último versículo, fue la siguiente:

> Al darles las siguientes instrucciones, no puedo elogiarlos, ya que sus reuniones traen más perjuicio que beneficio. En primer lugar, oigo decir que cuando se reúnen como iglesia hay divisiones entre ustedes, y hasta cierto punto lo creo. Sin duda, tiene que haber grupos sectarios entre ustedes, para que se demuestre quiénes cuentan con la aprobación de Dios. 1 Corintios 11:17-19

"Tiene que haber *grupos sectarios* entre ustedes para que se demuestre quiénes cuentan con la *aprobación* de Dios." Dios no podría aprobar de las iglesias pequeñas *y* las mega-iglesias, ¿o sí? O bien las iglesias pequeñas tienen que fracasar en el crecimiento del Reino y en ganar almas, o las mega-iglesias tienen que ser complejos de entretenimiento religioso descorazonados e impersonales, que buscan agradar a la gente y enriquecerse. No pueden ser ambos, ¿o sí?

La gente cuenta. Ya se trate de dos o tres personas reunidas en el nombre de Jesús,[3] o de una multitud de más de cinco mil almas hambrientas,[4] Jesús sabía que cada grupo está formado por individuos conocidos personalmente por su Creador. Por alguna razón, le importan lo suficiente como para haber contado los cabellos en cada una de las cabezas[5] (cosa que por cada año que pasa es más fácil de hacer en mi cabeza).

Por no mencionar que la iglesia es una familia, según el Nuevo Testamento. ¿Cuántas familias conoce usted que muestran su amor mutuo contando a sus miembros todos los días? ¿Cuántas personas dirían que una familia de diez hijos es más saludable o amorosa que una familia, como la mía, de tres hijos? Por supuesto, no lo haríamos.

Lo que hace que una familia sea sana y amorosa no tiene nada que ver con la cantidad. Debería ser lo mismo en la familia de Dios.

La iglesia que Dios quiere que crezca

"Los pastores y los laicos por igual quieren que su iglesia crezca. Y... ¡Dios también!"[6] Declaraciones como ésta a menudo se hacen sin pensar en las suposiciones que presentan.

Sí, los pastores quieren que sus iglesias crezcan, lo veo todo el tiempo. A veces lo queremos demasiado, y el precio de un deseo tan abrumador puede ser muy alto.

Pero, ¿los laicos quieren que su iglesia crezca? ¿Y Dios?

Más específicamente, ¿Dios quiere que *mi* iglesia crezca? ¿O Dios quiere que *la* iglesia crezca?

Sé que estoy desafiando la sabiduría convencional; pero ¿no es *necesario* desafiar a esta sabiduría? ¿Y hacerlo a menudo?

Una de las principales quejas acerca de iglesias pequeñas es que el único motivo de que siguen pequeñas es porque tienen poca visión. Yo solía creer eso. Ya no lo creo.

Me dijeron que si mi iglesia no estaba creciendo en número, algo estaba descompuesto. Que los pastores y los miembros de iglesias pequeñas se conforman con menos de lo mejor de Dios. Que tienen poca visión y menos pasión. Que egoístamente quieren quedarse con el don del evangelio sin compartirlo. No quería que eso fuera cierto en cuanto a mí o a "mi" iglesia, así que casi llegué al agotamiento total tratando de resolver esos supuestos problemas.

Resultó que mi iglesia no se descompuso hasta que traté de arreglarla.

Cuando ministramos a la gente que tenemos y a la comunidad que nos rodea, no es que nos conformamos o que somos egoístas. Una vez que descubrí el fenómeno de las iglesias pequeñas, comencé a entender que su visión, y la visión de Dios para ellas, resulta ser ENORME.

Así de grande es la visión de las iglesias pequeñas. Somos una parte única e indispensable de la obra que Dios está haciendo en todo el mundo. Esa obra es demasiado grande para que quepa dentro de cualquier edificio o denominación. Es demasiado grande para que la hagamos solos. Es demasiado grande para captar, planificar o detener. Comenzó con Jesús, es sostenida por Jesús, y no se terminará hasta que Jesús regrese y diga que ha terminado su obra.

No conozco ninguna visión más grande que ésta.

Cuando concentramos gran parte de nuestros esfuerzos en el crecimiento de una iglesia local, ¿estamos perdiendo de vista el panorama general y una visión más amplia? ¿Podría ser que hemos estado limitando la visión de Dios para *su* iglesia al concentrar muchísimo tiempo, energía y dinero en tratar de hacer crecer *mi* iglesia?

Después de todo, Jesús nunca nos ordenó edificar la iglesia. Claramente mantuvo ese trabajo para sí mismo, cuando dijo: "edificaré mi iglesia..."[7] Y el crecimiento de la iglesia de Cristo, afortunadamente, no se limita al crecimiento de la congregación que yo pastoreo en un momento dado. No sólo eso, sino que como Jesús está a cargo de dar crecimiento a *su* iglesia, si estamos edificando con nuestros esfuerzos, nuestras ideas y nuestro carisma, tal vez deberíamos dejar de llamarla una iglesia.

Solamente Jesús edifica iglesias.

Así que, me pregunto, ¿podría ser que la obsesión por el crecimiento de mi iglesia es en realidad *menos* visión de la que Jesús tenía en mente? ¿Será posible que al abrazar la visión de Dios para toda la Iglesia, y aceptar mi muy necesario papel de pastor de una iglesia pequeña dentro de ella, en realidad sea una visión *más* amplia?

Máximo ≠ Óptimo

Lo más grande no siempre es mejor.

Cuando los pastores nos preguntamos si nuestras iglesias están creciendo, la pregunta que siempre nos hacemos, y quiero decir *siempre*, es si *nos estamos volviendo más grandes*.

Cada año nuestra iglesia llena un informe sobre las estadísticas vitales de la congregación: asistencia de fin de semana, diezmo, misiones, salvaciones, bautizos, etc. Entiendo la necesidad de mantener registros. También sé que si lo único que se supiera sobre nuestra iglesia fuera lo que está en ese informe, parecería que estamos estancados, en el mejor de los casos, y reduciendo en tamaño, en el peor de los casos. Nuestra asistencia dominical ha estado bastante nivelada durante algunos años, y los problemas financieros actuales a nivel mundial han reducido nuestras ofrendas a un tercio desde su punto máximo.

La iglesia que pastoreo no se está haciendo más grande. No si se considera la asistencia del domingo por la mañana. Estadísticamente, somos una de esas iglesias tristes, de bajo rendimiento, que hacen que los directivos de la denominación y los analistas de iglesias convoquen reuniones de emergencia para descubrir cómo solucionar la situación.

Pero no necesitamos de solución, porque *estamos* creciendo. Hemos estado creciendo por años. Los hermanos de nuestra iglesia están felices y emocionados, se sienten orgullosos de llevar a sus amigos y sus familiares a los cultos. Nuestro edificio está en uso seis días a la semana y siete días casi todas las semanas, desde las seis de la mañana hasta después de las nueve de la noche. No para las reuniones de comités (tenemos muy pocas), sino para el ministerio.

En los hogares de los miembros de nuestra iglesia hay actividad de pequeños grupos y nuestro internado está lleno de jóvenes que se han comprometido a trabajar con nosotros por uno o dos años. Hay matrimonios que están siendo restaurados. A los desamparados los amamos y los alimentamos. Una iglesia en México nos saluda con grandes sonrisas cuando la visitamos varias veces al año con esperanza y bienes materiales. Todos los días del año, decenas de miembros de la iglesia trabajan para recaudar fondos para poder pasar su semana de vacaciones en un viaje misionero a Panamá, Zimbabwe, Irlanda del Norte y otros, en lugar de ir a la playa. Y ni siquiera he dicho algo de lo que pasa en nuestro preescolar, en la guardería, en los campamentos de verano, en retiros, y mucho más.

Algunas veces, lo que llamamos estancamiento es simplemente que una iglesia alcanza su tamaño óptimo, y que en ese tamaño cultiva fruta saludable.

Algo de lo peor que una iglesia puede hacer, una vez que ha alcanzado el nivel óptimo, es seguir presionando al máximo.

Pero lo hacemos. Yo lo hice.

Quería que la iglesia fuera mejor, y aún quiero eso; pero estaba convencido de que lo mejor significaba algo más grande.

Estaba equivocado.

Ninguna iglesia tiene recursos ilimitados. Sí, tenemos un Dios ilimitado. Pero yo no soy Dios. Tengo límites, y también la iglesia que pastoreo. No es saludable, piadoso ni útil "empujar" a una iglesia a lugares a los que Dios no le pide que vaya, para que cumpla con una norma numérica artificial o para satisfacer el ego del pastor. Aunque lo llamemos fe.

Si el tamaño óptimo de una iglesia es de 150 a 200 miembros, ¿será justo decir que ha reducido si su asistencia promedio ha bajado de 180 a 170 por un tiempo? ¿Se han estancado si han pasado gran parte de su energía a un exitoso ministerio de recuperación durante la semana o a un ministerio a los pobres en otro país, pero no han aumentado su asistencia los domingos?

Hay muchas formas de crecimiento, aunque su edificio, su llamado, sus dones o el estilo de su congregación signifique que siempre tendrá cifras de domingo que otros consideren bajas. El desafío, una vez que se alcance ese tamaño, es descubrir cómo será el crecimiento.

¿Puede una iglesia ser demasiado pequeña y no alcanzar su potencial? Sí. Vemos ejemplos de esto todos los días, con edificios que quedan vacíos toda la semana (y en su mayoría vacíos los fines de semana), donde hay poco o ningún impacto en la comunidad.

¿Puede una iglesia ser demasiado grande, y a la vez demasiado pequeña? Digo que sí a eso también. La mala salud en una iglesia grande es menos obvia; pero algunas mega-iglesias no son más que proyectos de vanidad del pastor, clubes dedicados a los ricos, o lugares que ofrecen un falso sentido de seguridad espiritual para quienes creen que Dios pasa lista de asistencia.

No todo el crecimiento es numérico. Si usted está en una iglesia saludable, donde los hermanos están creciendo en la fe, si se evangeliza a la comunidad, si se invierte en las misiones, y si se ve vidas y familias transformadas, es vergonzoso, aun pecaminoso, desviar la atención limitada, el dinero, el tiempo, las energías y el corazón lejos de aquello para perseguir números.

No presionamos a los miembros de la congregación a que alcancen cierta "cuota de almas" que deben ganar para Cristo, al menos no deberíamos hacerlo. Pastores, debemos dejar de presionarnos a nosotros mismos y a nuestros compañeros pastores para que lo hagan. Una persona puede ser llamada por Dios para ganar miles de almas para Cristo, mientras que otro creyente satisface el llamado de Dios en su vida al cuidar a un pariente anciano durante veinte años para que pase a los brazos de Jesús con la certeza de ser amado por Él, porque fue amado por su familia mientras su frágil cuerpo estuvo aquí entre nosotros.

Cada persona y cada iglesia tiene su llamado y sus correspondientes alegrías y cargas.

Capítulo 11

Una nueva forma de definir el éxito

"En los Estados Unidos, los números nos impresionan. ... Medimos a las iglesias por la cantidad de miembros que se jactan de tener. ... Jesús cuestionó la autenticidad de mantener esta clase de registros."[1] Francis Chan

Una palabra en la cita anterior que inmediatamente resalta es "jactan". No creo que Francis Chan la haya escogido por error. Creo que ha visto y escuchado muchas de las mismas conversaciones e informes pastorales que he visto y escuchado yo.

En otra conferencia ministerial, uno de los oradores nos contó sobre las conversaciones que solía tener con otro pastor. Cuando pastoreaban iglesias en diferentes partes del país, se ponían al día ocasionalmente por teléfono. La iglesia del segundo pastor estaba creciendo a un ritmo muy rápido, y hoy es pastor de una mega-iglesia muy conocida. El primer pastor, que nos contaba esto, tenía un crecimiento modesto en una iglesia de unos pocos cientos.

La razón de que nos contó acerca de estas conversaciones, dijo, era para decirnos lo importante que es animarnos unos a otros en el ministerio, un objetivo loable. Nos contó cómo este pastor de la mega-iglesia lo alentaba, especialmente cuando se sentía mal porque su iglesia no crecía ni cerca al mismo ritmo. "Siempre me decía: "Oye, ¡eso es genial! En ese tamaño, tu iglesia está en el 15% superior de las iglesias en nuestro país", luego el 12%, el 10%, y así sucesivamente."

¿Sólo a mí me preocupa esto? ¿Es la mejor manera en que un pastor puede animar a otro, haciéndole ver la desventaja del 85% de las iglesias y los pastores del país, luego del 88%, del 90%, y así sucesivamente? Sé que esa no era su intención, pero es la implicación. *Eres mejor que los otros pastores y las otras iglesias* es lo que le estaba diciendo.

¿Es ese un estímulo apropiado? ¿O refuerza una forma incorrecta de evaluar a una iglesia? ¿No sería mejor si, en lugar de intercambiar cifras de asistencia cuando los pastores nos reunimos, compartiéramos testimonios de vidas transformadas y sanadas? Obviamente, se hacía ministerio en la iglesia más pequeña del primer pastor. Debería estar firme como un testimonio de la gracia de Dios sin la necesidad de comparar a esa iglesia con otras.

En cambio, nos jactamos. Estamos tan acostumbrados a jactarnos, que al tratar de animar a otro pastor, nos jactamos de su iglesia en comparación con otras.

¿Qué produce una iglesia saludable?

Si prestamos menos atención a la cantidad de personas en los asientos, ¿cómo medimos el éxito?

Poco después de haber cambiado de opinión sobre lo que vale el tamaño de una iglesia, hice esa pregunta a los líderes voluntarios de nuestra iglesia en nuestro fin de semana anual de lanzamiento de visión. La respuesta era obvia para ellos. Creo que se sorprendieron de que la haya hecho, y tal vez se decepcionaron con su valiente líder porque no sabía la respuesta.

"Creo que debemos medir el éxito como lo hizo Jesús –fue la respuesta inmediata y abrumadora–. Una persona a la vez. ¿Está creciendo cada persona? ¿Estamos haciendo impacto en la comunidad? Eso es lo que importa."

Cada vez más personas están de acuerdo con esto, y lo expresan. En *UNChristian [No cristiano]*, David Kinnaman, presidente del Instituto Barna, ha descubierto lo que muchos creyentes e inconversos están diciendo: "Debemos medir el éxito no solamente por el tamaño de nuestra iglesia... sino también por la calidad del crecimiento espiritual en la vida de los hermanos."[2]

Helmut Thielicke, un teólogo alemán cuyos escritos suelen ser incluso más intimidantes que su nombre, escribió un libro muy accesible, titulado *Un breve ejercicio para jóvenes teólogos*. La premisa era que, como pastores profesionales capacitados, debemos tener cuidado de no pensar que tenemos todas las respuestas. Hay un conjunto de sabiduría fácilmente accesible que muchas veces pasamos por alto: las personas sentadas frente a nosotros cada fin de semana.

Thielicke anima a sus lectores a no perseguir cada nueva idea teológica o cada estrategia de ministerio, sino a probarlo todo conforme a las Escrituras y a medirlo contra "el instinto espiritual de los hijos de Dios"[3].

El alemán tiene razón. También los maravillosos, fieles, sabios y pacientes líderes de nuestra iglesia. Necesitamos medir el éxito como lo hizo Jesús. Una persona a la vez.

En un capítulo anterior, hablamos sobre el problema de que cierta iglesia menosprecia a otra. Tal vez no haya un lugar más frecuente donde se produce este desprecio, nada cristiano, que de parte del clero a los laicos (un par de términos poco saludables y antibíblicos que debemos dejar de usar). Nunca fluye este desprecio más fácilmente que al tratar el tema del crecimiento de la iglesia.

Como también se mencionó anteriormente, en realidad estamos preparados para este desprecio de los laicos por parte del clero en las conferencias de crecimiento de la iglesia, cuando se nos dice que cualquiera en la iglesia que se oponga a las maravillosas nuevas ideas que estamos aprendiendo son tercos y asesinos de la visión.

Thielicke se expresa sobre esto. Cuando nosotros, como pastores, estamos entusiasmados con una nueva idea, sugiere que si la idea "no toma más en serio las objeciones de la lavandera y un simple asalariado... seguramente algo no está bien con la teología. Si, en resumen, la llamada congregación ordinaria es un tanto escéptica acerca de la teología, este escepticismo de ninguna manera es ingenuo"[4].

Si a los hermanos no les gusta, debemos escucharlos. Después de todo, ellos son la iglesia.

Malcolm Gladwell también se refiere a este fenómeno, aunque no en círculos de la iglesia, en su novedoso libro *Blink*. La premisa del libro es que a veces un nuevo conjunto de ojos puede ver en un momento (en un *abrir* y *cerrar* de ojos) una verdad que los grandes expertos del mundo no ven, porque han estado muy inmiscuidos en ello con todo su estudio detallado. El panorama general puede perderse en los detalles y el aprendizaje avanzado puede interferir con el sentido común. El no experto (o un experto que lo ve con otra perspectiva) quizá ni siquiera sepa cómo decir lo que está mal, simplemente lo *siente*.

Cuando despreciamos esos sentimientos, esos empujes, lo hacemos al peligro nuestro y de la iglesia. A veces esos empujes son la inspiración del Espíritu Santo.

Ahora bien, volvamos al consejo de los líderes voluntarios de "mi" iglesia. Contemos el éxito una persona a la vez. Contemos el crecimiento individual. ¿Sabemos siquiera lo que eso significa? Sí; pero es como el arte. Lo sabemos al verlo; pero no tenemos forma de medirlo. De ahí viene nuestra incomodidad.

Queremos números para verificar nuestros éxitos.

Hay dos enormes problemas con esa frase, y se encuentran en las palabras "números" y "nuestros". Primero, no todos los éxitos tienen *números* para verificarlos. Segundo, los éxitos de la iglesia no son *nuestros* éxitos. Necesitamos comenzar a sentirnos cómodos, en primera instancia, con "éxitos sin números" y, seguidamente, con "éxito que no es nuestro".

Éxito sin números

Durante años, creí en otra premisa del movimiento de crecimiento de la iglesia. Al igual que otros árboles es el fruto de un árbol sano, el fruto de una iglesia saludable son otras iglesias. Creí esta premisa porque es la verdad. Lamentablemente, no es *toda la* verdad.

La mitad del fruto de un árbol saludable es otro árbol. La otra mitad del fruto de un árbol saludable, lógicamente, es *fruto*. No todas las semillas están destinadas al crecimiento numérico de otros árboles. La mayoría, no. Casi todas las semillas se comen con la fruta y ofrecen su fuerza energética, beneficiando a quienes la comen. Se consume, no se siembra. Lo siento, todos mis amigos simpatizantes de las semillas de fe, es necesario que coman parte de la semilla.

Es fácil calcular el valor de las semillas sanas que producen otros árboles porque se pueden contar esos nuevos árboles. Es mucho más difícil calcular el valor de la fruta saludable que consume la familia del agricultor. Pero ese uso de la fruta es igual de valioso. Incluso, se podría argumentar que el objetivo final de la semilla es que se consuma la fruta saludable, en lugar de sembrar otros árboles sanos. Después de todo, si todas las semillas se siembran pero no se consume ninguna fruta, ¿para qué estamos sembrando y cultivando árboles?

Ambos usos de la fruta y las semillas son valiosos. Pero, a diferencia de la metáfora de que un árbol produce árboles, la metáfora de que el árbol produce fruta *está* en la Biblia. Jesús nunca dijo algo sobre los árboles, de que necesitan producir otros árboles. Lo que dijo fue: "Todo árbol que no da buen *fruto* es cortado y arrojado al fuego. Por lo tanto, por su *fruto* los reconocerán."[5] Además, cuando Jesús maldijo a la higuera,[6] no lo hizo porque quería obtener semillas de ella para sembrar otras higueras. Se enojó porque tenía hambre y no le estaba ofreciendo nada para comer.

No todas las iglesias son llamadas a "plantar" formalmente otras iglesias. Su trabajo principal es alimentar al rebaño, tal como Jesús le dijo a Pedro que hiciera. Eso es realmente *inconmensurable*, en ambos sentidos de esa palabra.

Éxito que no es nuestro

Hay un viejo refrán que dice: "No hay límite a lo que una persona puede hacer si no le importa quién obtiene el mérito."

Cierto; pero no del todo.

Ciertamente, sería genial si todos pudiéramos eliminar nuestro ego de la ecuación, que es el propósito de la cita. Pero, más exactamente, y más bíblicamente, hay una forma en que importa quién obtiene el mérito. Necesitamos estar seguros de que Jesús reciba todo el mérito.

Una vez más lo remito al versículo bíblico más importante sobre el crecimiento de la iglesia. Jesús dijo: "edificaré mi iglesia"[7]. Nuevamente, hay dos referencias clave en esta cita. "(Yo) edificaré" y "mi".

Como ya hemos dicho, estas dos palabras nos dicen que la iglesia es de Cristo, no nuestra, por lo que se lleva el mérito de edificarla.

Si Jesús edifica la iglesia y obtiene el mérito, debo estar tan emocionado cuando mis esfuerzos ponen a alguien en una iglesia saludable calle abajo o alrededor del mundo, como cuando vienen a la iglesia que estoy pastoreando. Esa es una misión de las iglesias pequeñas. Son remitentes, no atractores. Es posible que no crezcan numéricamente en su templo y que nunca lleguen a fundar una nueva iglesia, pero los hermanos que comen de su fruto están creciendo personalmente y están dejando caer semillas dondequiera que van.

Esto no nos da cifras para los informes anuales de nuestra iglesia, así que nadie puede ver los resultados de ese trabajo, excepto Dios. Pero Dios los ve. Eso debe ser suficiente.

Cuando mis hijos llegaron a la edad en que podían comenzar a trabajar, les di a los tres el mismo consejo cuando salieron nerviosos a su primer día de trabajo. Les dije que empezaran cada día con tres reglas en mente. Primero, presentarse listos para trabajar, a tiempo o más temprano. Luego, que pusieran todo su esfuerzo en el trabajo. Tercero, que no se llevaran nada que no fuera suyo a la hora de salida. Si hacen esto, les dije, siempre serán un empleado deseable.

Esas son buenas reglas para aplicar al pastoreo. Primero, entreguémonos en lo físico, lo emocional, lo mental y lo espiritual a la obra que tenemos, en lugar de soñar con el trabajo que desearíamos tener. Seguidamente, apliquemos todo de nuestra parte para hacer lo mejor que podamos; luego, con la ayuda de Dios, pasarán cosas mejores de lo que realmente somos capaces de producir. Después, al final del día, no nos llevemos nada que no nos pertenezca. Dejemos toda la culpa en el basurero, y demos toda la gloria a Dios.

Jesús y las multitudes: una unión infeliz

Muchos libros de crecimiento de la iglesia dedican tinta en abundancia para decirles a sus lectores cómo Jesús atrajo multitudes. Lo que muchos de ellos no dicen es que, si bien el ministerio de Jesús atrajo multitudes –a veces del tamaño de una mega-iglesia–, en realidad pasó más tiempo tratando de *evitar* las multitudes que buscando *atraerlas*.

No sólo eso, sino que muchos de los métodos que dicen que

usó Jesús para atraer multitudes, en realidad se usaron para achicarlas. Sus parábolas, por ejemplo. ¿Cuántos estrategas de crecimiento de la iglesia me han dicho que necesito contar más historias porque esa era una forma en que Jesús atrajo multitudes?

Eso no es lo que dice la Biblia. Sí, Jesús contó parábolas. Muchas parábolas. Pero también puso en claro que la razón de sus parábolas no era *atraer* a *las* multitudes, sino *reducirlas*. Como Jesús les dijo a sus discípulos: "A ustedes se les ha concedido que conozcan los secretos del reino de Dios... pero a los demás se les habla por medio de parábolas para que "aunque miren, no vean; aunque oigan, no entiendan"" (Lucas 8:10).

Recientemente en *Cornerstone*, la iglesia que pastoreo, completamos una serie de diez semanas los domingos de estudios de la vida de Cristo. La idea era concentrarnos menos en los detalles y más en los temas generales de la vida y el ministerio de Jesús. Algo que notamos en este enfoque fue que cuando Jesús atrajo multitudes fue casi siempre involuntariamente y no a propósito.

En lugar de contratar un equipo de mercadotecnia, Jesús solía usar tácticas (incluso parábolas) para *reducir* intencionalmente el tamaño de las multitudes. Por ejemplo, la razón de que Jesús tuvo que realizar un milagro para alimentar a los cinco mil fue porque estaban en un "lugar remoto", donde Jesús fue para escapar de la multitud. La gente estaba allí porque había escuchado hacia dónde iba y "lo siguieron a pie desde los poblados"[8]. Más tarde, cuando hablaba con el padre cuyo hijo estaba poseído por un demonio, Jesús interrumpió la conversación y sanó al muchacho para *evitar* a la multitud que comenzaba a reunirse.[9]

Veamos cuán extrema era la aversión de Jesús a las multitudes. Cuando comenzó a hablar en serio acerca de la necesidad de su inminente muerte, la multitud, incluidos muchos discípulos, no pudo soportar esa verdad. En lugar de moderar su lenguaje para no ofender a la gente, Jesús habló más seriamente. Expresó más que la importancia de aceptar la cruz.

"Ciertamente les aseguro –afirmó Jesús– que, si no

> *comen la carne del Hijo del hombre ni beben su sangre, no tienen realmente vida. El que come mi carne y bebe mi sangre tiene vida eterna, y yo lo resucitaré en el día final. Porque mi carne es verdadera comida y mi sangre es verdadera bebida. El que come mi carne y bebe mi sangre permanece en mí y yo en él. Así como me envió el Padre viviente, y yo vivo por el Padre, también el que come de mí vivirá por mí."* ...
> *Al escucharlo, muchos de sus discípulos exclamaron: "Esta enseñanza es muy difícil; ¿quién puede aceptarla?" Jesús, muy consciente de que sus discípulos murmuraban por lo que había dicho, les reprochó:* "¿Esto les causa tropiezo?" *(Juan 6:53-57, 60-62)*

"¿Esto les causa tropiezo?" Jesús les preguntó. Por supuesto que los ofendió. ¡Tenía la *intención* de ofenderlos! Jesús les contó acerca de su muerte de tal forma que parecía que estaba promoviendo el canibalismo, como parte necesaria para ser su seguidor. ¡El *canibalismo!*

Cuando los discípulos trataron de ayudarlo, haciéndole ver lo repulsiva que era esa enseñanza, Jesús no hizo nada para corregir los posibles malentendidos. En cambio, dejó presente la idea de un posible canibalismo, hasta que, como era de esperar, "desde entonces muchos de sus discípulos le volvieron la espalda y ya no andaban con él". Entonces, en lugar de perseguir a los que se marchaban, Jesús se volvió hacia los Doce y les abrió la puerta de salida al preguntarles: "¿También ustedes quieren marcharse?"[10]

Esa no es una estrategia recomendada en ningún libro de crecimiento de la iglesia que jamás he leído. Tampoco es una estrategia que recomendaría. Aunque admiro el sentimiento de preguntar lo que haría Jesús cuando estamos en duda, definitivamente hay cosas que Jesús hizo que sus seguidores *nunca* deben intentar. Literalmente, salir de la playa a un lago tormentoso sin un bote me viene a la mente.

Debemos considerar pasajes como éste siempre que tengamos la tentación de hacer suposiciones incorrectas. Solamente porque queremos tener multitudes cada vez más grandes en nuestra iglesia, no significa que Jesús quiere lo mismo.

Más que gente y dinero

Hace unos años, cuando nuestra iglesia comenzó a armar ideas para un sitio web, me encontré con un diseñador en una convención pastoral, que ofreció reunirse con nosotros de forma gratuita para ver lo de un sitio web. Gratis es bueno, así que concerté una cita.

Llegó al edificio de nuestra iglesia unas semanas más tarde. Le di el recorrido de cinco minutos por los locales, y cuando estábamos sentados en mi oficina, vi que lo estaba perdiendo. Las reuniones como ésta tenían como fin vender su diseño web y sus servicios de mantenimiento del sitio, y las instalaciones que acababa de ver le dijeron que ésta no sería una cuenta tan grande como él había esperado. Es el muchacho que mencioné hace unos capítulos, que me preguntó dónde estaba el santuario, cuando ya estábamos allí.

Comenzó preguntándonos cuál era nuestra visión para el sitio web de la iglesia. Intenté levantarle el ánimo al decirle que no teníamos la intención de limitar el ministerio de la iglesia al tamaño de nuestro edificio. Nuestro sitio web debería ser más que un boletín electrónico. En cambio, queríamos usar la internet como una de las muchas formas de expandir el ministerio de la iglesia. Eso pareció animarlo, así que comenzó su lanzamiento.

Todo lo que nos mostró ese día acerca de cómo hacer un sitio web exitoso para la iglesia tuvo dos objetivos: poner gente en los asientos y dinero en la ofrenda. Después de un rato, lo interrumpí. Eso es parte de lo que queremos hacer, le aseguré. Que más gente venga los domingos y que aumenten nuestros recursos financieros siempre es útil. Pero ese no es el objetivo principal.

"Ésta es mi idea –le dije–. Quiero usar este sitio web, no sólo para *promover el* ministerio, sino para *hacer el* ministerio. Quiero poner allí mensajes dominicales, artículos, compañeros de oración, pautas de recuperación de adicciones, consejeros para los que buscan salvación, y muchas otras cosas que aún no las he pensado, para que la iglesia pueda ministrar a gente desde Denver a Dublín, aunque nunca pongan un pie en nuestro templo o no nos envían ni un solo dólar.

"Nuestro edificio es pequeño. Usar un sitio web solamente para atraer a más personas a este edificio es muy poca visión, porque nuestro templo es demasiado limitado en cuántos puede albergar. Incluso, si construyéramos el templo más grande que el mundo jamás haya visto, sería insignificante en comparación con la cantidad de personas a las que podemos alcanzar en la internet. ¿Qué puedes hacer para ayudarnos a empezar algo así?" (Como nota al margen, si usted va al sitio web de nuestra iglesia, verá que aún no se han alcanzado esos elevados objetivos.)

El gurú que nos visitaba quedó aturdido. Trató de convencernos de que éste no era un enfoque viable, mostrándonos lo que habían hecho algunas de las iglesias más grandes con las que había trabajado. Lo único que recuerdo es que todos tenían un botón de "donar" destacado en cada página. Volvió constantemente a decirnos lo bien que eso funcionaba.

No lo culpo por ese proceso de pensamiento. Lo tuve yo mismo durante varios años, así que sé de dónde viene. Simplemente no podía concebir la idea de que alguien pudiera iniciar una sesión con nosotros, escuchar un mensaje de nuestra iglesia, quizás entregar su vida a Cristo, y luego asistir a *la iglesia de otra persona.* Eso no lo consideraba un uso válido de los recursos del ministerio y una manera legítima de concebir el crecimiento de la iglesia. Si no había ninguna posibilidad de que esa persona viniera a nuestro templo para ser contada en las cifras de asistencia del domingo, no tenía nada que pudiera ayudarme. De hecho, sentí que él consideraba que yo era ingenuo por pensar de esa manera.

Es hora de que diga algo que los pastores no deben admitir... ¡ni siquiera a nosotros mismos!

¿Desea saber por qué los pastores enfatizan la asistencia al culto dominical sobre todas las demás medidas de crecimiento o de salud de la iglesia?

En ese culto recibimos la ofrenda. Tiene que ver con dólares.

Eso no significa que los servicios dominicales no sean vitales para la vida de la iglesia, o que no sea válido cuidar mucho de quiénes asisten o no. En la mayoría de las iglesias, incluida la mía, la adoración durante el fin de semana sigue siendo el punto de enfoque, desde el cual fluyen todos los demás ministerios de la iglesia, y con razón. Pero el hecho de que sea el momento en que recibimos la ofrenda, se cierne muy alto en la escala de importancia para muchos pastores. Si alteramos lo del domingo nos metemos con el día de pago. Nadie perjudica su día de pago.

La otra razón de que la asistencia al culto dominical ha adquirido una importancia tan exagerada es que, aunque se supone que no debemos medirnos unos con otros, lo hacemos en nuestras iglesias todo el tiempo. Se trata de gente en los asientos. A veces, cuando asisto a las conferencias de ministerio, parece como el juego de pelota, en que les decimos a los niños que nadie cuenta puntos, pero cada adulto sabe qué equipo tiene más carreras.

¿Podría ser que Jesús está tratando de decirnos que no le preocupan los dólares y la cantidad de gente? ¿Que realmente está preocupado por las personas... por cada individuo? ¿Incluso por las personas que nunca se sentarán en nuestro templo? Si *esto* es lo que interesa a Jesús, ¿no debiera ser lo más importante para nosotros?

Identificarse con las personas necesitadas

Una razón por la que admiro a Rick Warren, a pesar de mi evidente disposición a estar en desacuerdo con él a veces, es su transparencia. Por ejemplo, en *Una Iglesia con Propósito* dice que estableció la iglesia *Saddleback* en *Lake Forest* debido a la demografía.[11] Quería ir adonde la gente iba y su investigación le había demostrado que el sur del condado de *Orange* en California, era el lugar donde había mayor crecimiento de población en ese momento. También resultó ser donde la población sería más móvil, creciente y joven.

Pero ¿qué de los pastores que son llamados a las ciudades donde la población se está yendo? ¿O donde está envejeciendo? ¿O donde hay menos crecimiento? En muchos de estos lugares, una iglesia nunca será grande, al menos no durante una generación o dos. Gastar tiempo y dinero para edificar una mega-iglesia en un lugar asolado por la pobreza quizá no sea lo propio. Un gran edificio puede dar un mensaje equivocado a la comunidad sobre las prioridades de la iglesia.

Hay algunas situaciones en que una mega-iglesia es imposible o inapropiada. Pero no hay lugar en el mundo donde una iglesia pequeña no encaje. En algunas situaciones, las características que a veces se perciben como debilidades de una iglesia pequeña, pueden ser una gran ventaja, especialmente cuando se trabaja entre los marginados y los desfavorecidos. Por ejemplo, las iglesias pequeñas tienen más familiaridad con el fracaso, y simpatizan más con el fracaso de los demás.

Sí, lo leyó bien. Hay valor en el fracaso.

Hace algún tiempo, estuve viendo un DVD de adoración filmado en un coliseo masivo por músicos de talla mundial con miles de adoradores que cantaban. Una de sus canciones era acerca de pasar de gloria en gloria. Fue una experiencia alegre; observé que fue muy fácil cantar de *gloria en gloria* en ese escenario. La misma canción significaría algo muy diferente en una iglesia pequeña en una ciudad empobrecida.

Cuando un pastor de una iglesia pequeña, con un salario de iglesia pequeña (que a menudo significa que no hay salario), conduce a una congregación igualmente pobre y luchadora a cantar acerca de pasar de gloria en gloria, se necesita la fe que solamente las personas con esas dificultades comparten.

Las mega-iglesias son lugares maravillosos para regocijarse con aquellos que se regocijan. Pero doy gracias a Dios por los valientes pastores de una iglesia pequeña en lugares afectados por la pobreza, que dan su vida para llorar con los que lloran.

La iglesia que se necesita al momento

El mundo necesita todo tipo de iglesias. Grandes, pequeñas, de hogar, de multi-sitio, de distintas etnias, pentecostales, de alta liturgia, de baja liturgia, centros de enseñanza, capillas de salvación, independientes, denominacionales, en línea, tradicionales, contemporáneas, y nuevos tipos de los que nadie ha pensado todavía.

Así como el cuerpo de Cristo necesita hermanos con diversos dones espirituales, también se necesita iglesias con diferentes dones. Inmediatamente después de una minuciosa explicación de los dones, y justamente antes de explicar la preeminencia del amor, el apóstol Pablo nos dice que debemos "ambicionar los mejores dones"[12]. Ya que Pablo no parece dar ninguna jerarquía de dones, el mejor don generalmente se considera el más necesario del momento. Predicar es menos valioso que extender una mano de ayuda cuando alguien tiene hambre, mientras que la administración es de mayor beneficio que la profecía cuando se necesita contabilizar debidamente las finanzas.

Muchos son firmes defensores de que la iglesia necesita hacer las cosas así como las hizo la iglesia del Nuevo Testamento. Nunca he sido un gran admirador de ese enfoque, por cuatro razones.

Primero, no todo lo que hizo la iglesia del Nuevo Testamento fue perfecto. Jesús fue perfecto, pero los primeros apóstoles no lo fueron. Incluso, no concordaban en cómo dirigir la iglesia. Por eso se convocó el concilio de Jerusalén[13] y la decisión a la que llegaron les parece un compromiso a muchos estudiosos de la Biblia.

En segundo lugar, no sabemos tanto sobre la estructura de la iglesia primitiva y sus reuniones como nos gustaría, o como pensamos que sabemos. Mucho de lo que "sabemos" es especulación, y esa nunca es una buena base.

Por ejemplo, hay quienes "saben" que la iglesia primitiva consistía solamente de iglesias hogareñas, y hay los que "saben" con la misma certeza que la iglesia instantáneamente llegó a ser una mega-iglesia. La idea de la mega-iglesia instantánea viene, por supuesto, de la narrativa de Hechos 2, en que nació la iglesia el día de Pentecostés, y que se agregaron tres mil a la iglesia[14], ¡al instante! Mega-iglesia instantánea, ¿verdad?

No tan rápido.

A lo menos dieciséis naciones, provincias y grupos étnicos estuvieron representados en la multitud del día de Pentecostés. Añadiendo a Jerusalén como un decimoséptimo grupo, resulta ser un promedio de 180 personas de cada región. Es de suponer que la mayoría de ellos regresaron a sus hogares en cuestión de días.

Suponiendo que hubo una representación mucho más grande de Jerusalén, la cantidad promedio de personas de esas otras regiones se reduce aún más; por lo cual, es probable que muchas iglesias en esos lugares estuvieran formadas por poco más que los "dos o tres"[15] a los que se refirió Jesús. Y aunque es posible, aun probable, que Jerusalén haya comenzado con una iglesia grande de más de mil personas, no sabemos si se reunieron en grupos pequeños, si todos en un solo lugar, o si en una combinación de grupos grandes y pequeños. Así que, es muy posible que cuando la iglesia se reunió para adorar en distintas partes del mundo, en las semanas posteriores al día de Pentecostés, el porcentaje de iglesias mega, grandes, medianas, pequeñas o de hogar, no haya sido muy diferente de lo que es hoy.

Hechos 2 no comprueba nada sobre el tamaño o el estilo preferido de Dios para la iglesia. Creo que quiso dejar la pregunta abierta. Dejemos de fingir que sabemos cosas, cuando no las sabemos con certeza.

Tercero, no todo lo que hizo la iglesia primitiva fue únicamente por razones teológicas. Algo se hizo por preferencia cultural o debido a las circunstancias. Tener todas las cosas en común, por ejemplo. Aunque loable, no era tanto un mandato como una necesidad nacida de la persecución. Era la forma en que se protegían mutuamente y evitaban que sus bienes fueran confiscados por los romanos. Ananías y Safira no terminaron muertos por la mano del Espíritu Santo porque no dieron todo su dinero de la venta de su propiedad a los apóstoles, sino porque mintieron al respecto. Pedro le exhortó a Ananías: "¿Acaso no era tuyo antes de venderlo? Y una vez vendido, ¿no estaba el dinero en tu poder?"[16]

En cuarto lugar, y finalmente, no hubo sólo una iglesia del Nuevo Testamento; hubo muchas. Cuando alguien dice "tenemos que hacer como hizo la iglesia primitiva", debemos preguntar: "¿a qué iglesia te refieres?" La iglesia en Filadelfia era muy diferente a la de Laodicea, mientras que para las iglesias de Jerusalén y Corinto podría haber sido difícil reconocerse mutuamente como cristianas.

La mayor parte de las cartas que Pablo escribió fueron a iglesias específicas. Juan escribió el libro de Apocalipsis, no a "la iglesia" en general, sino a siete congregaciones individuales, con siete diferentes mensajes, adaptados al tamaño, la salud, la historia, los pecados, y los ministerios de cada una.

Si bien hubo reuniones pequeñas y grandes en la iglesia del primer siglo, no hay nada que la iglesia del Nuevo Testamento hizo que no se pudiera hacer hoy, si solamente tuviéramos iglesias pequeñas. Pero hay varias cosas que no se podrían hacer si todo lo que tuviéramos fuera mega-iglesias. Algunas formas en que nos conectamos con Dios, unos con otros, y con la comunidad solamente pueden hacerse realidad cuando el grupo es pequeño.

Viviendo en un mundo plano

En los últimos años, un libro que ha impactado la forma en que los políticos y los empresarios ven el mundo es *The World is*

Flat [El mundo es plano] de Thomas L. Friedman. En esta obra, Friedman argumenta convincentemente que el mundo ha cambiado desde el uso de un modelo institucionalizado de jerarquía, que ofrece productos y servicios de talla única para todos a través de estructuras industriales a gran escala, en un modelo de red lateral, en que un adolescente con una computadora portátil en cualquier parte del mundo puede comenzar una locura mundial mediante la prestación de servicios a la mano, que las personas en cualquier lugar pueden personalizar para satisfacer sus propias necesidades.

Tal mundo plano es el centro de cultivo perfecto para la obra inspirada por Dios, que se puede hacer a través de una red de iglesias vibrantes, ya sea pequeñas o grandes. No necesitamos grandes edificios, con excelentes estructuras, o grandes cantidades de dinero para hacer la obra de Dios.

Casi todas las iglesias grandes, y muchas denominaciones, nacieron dentro de una mentalidad modernista de utilizar un sistema de entrega de múltiples capas, de jerarquía, para bienes y servicios a grandes poblaciones. Al referirse a esta mentalidad modernista, John Eldredge escribe: "Tomamos los últimos métodos de mercadotecnia, la última moda de gestión empresarial, y los aplicamos al ministerio",[17] con el resultado final de que, según sus cálculos, "elimina cualquier conversación con Dios".

Actualmente podemos comercializar a grupos cada vez más pequeños sin una burocracia descendente. Parece que el mundo está listo, más que nunca, para ser impactado por el reino de Dios a través de iglesias pequeñas, con pocas o ningunas conexiones denominacionales entre sí, unidas para cambiar al mundo.

También es importante señalar que, históricamente, los tiempos del crecimiento más fuerte de la iglesia y de la fe más pura fueron cuando las iglesias pequeñas, unidas a través de redes informales, dominaban el paisaje. Hubo pocas congregaciones grandes en tiempos de la iglesia primitiva o durante el avivamiento pentecostal; no hay muchas iglesias grandes en la China o en la América Latina de hoy. Pero sus despertamientos espirituales fueron, y son, enormes.

Por el contrario, los tiempos cuando la iglesia estaba en su punto más débil espiritualmente, y en su estado más corrupto moral y político, ha sido cuando dominaban las jerarquías, las mega-iglesias y el fuerte enfoque en denominaciones. Vienen a la mente fácilmente las cruzadas y los escándalos de los predicadores en televisión.

No es que una forma sea intrínsecamente más o menos corrupta que cualquier otra. Después de todo, ha habido corrupción en iglesias pequeñas y hay muchas iglesias grandes, sanas y humildes. Pero el éxito, el institucionalismo y la riqueza, no el fracaso y la pobreza, siempre han sido y siempre serán las mayores influencias corruptoras en el cuerpo de Cristo.

Capítulo 12

Etapas en la vida emocional del pastor de la iglesia pequeña

La doctora Elisabeth Kübler-Ross regaló al mundo algo grande cuando en la década de 1960 escribió un libro sobre la muerte y su significado. Su libro mejoró para siempre nuestra comprensión de lo que las personas atraviesan cuando sufren pérdidas, especialmente la muerte de un ser querido.

Cada persona que jamás ha dicho: "estás negando la realidad" hace referencia a su obra, aunque no lo sepa. La negación es la primera de sus cinco etapas, seguida por el enojo, la negociación, la depresión y la aceptación. Su descripción de las fases del duelo ha llevado a muchos otros estudios que nos han ayudado a comprender las etapas que se atraviesa en muchos aspectos de la vida.

Estoy convencido de que la mayoría de los pastores de una iglesia pequeña también pasan por etapas emocionales. Al fin, o se agotan totalmente y abandonan el ministerio, o pasan por ese proceso a la eficacia y la realización en el ministerio.

Las etapas que describiré no son el resultado de un estudio científico. Se basan en la observación y la participación en la vida de otros pastores de iglesias pequeñas y en mis propias experiencias. Las ofrezco como punto de partida para discusión, aliento, y un posible sendero hacia la gracia y la sanidad de Dios.

Etapa 1: idealismo e inocencia

Una persona joven se gradúa de un seminario o un noviciado ministerial para iniciar la vida en el ministerio a tiempo completo. Todo es nuevo y llamativo en esta etapa del "primer amor". El mundo es una hoja en blanco, esperando a ser escrita, llena de nada más que posibilidades.

Me encanta estar con pastores jóvenes en este lugar de esperanza, idealismo e ingenuidad.

Le juro que hasta tienen ese olor a carro nuevo.

El pastor primerizo entra en su nuevo papel con toda la fe y el gusto que se supone que debe tener. Ya sea que esté trabajando con un grupo para comenzar una nueva iglesia, con un nombre que llame la atención, o que ingrese a una confraternidad existente con historia difícil, él cree que aun el vecindario más problemático puede ser alcanzado con el evangelio, que la nueva idea más extraña puede dar resultado, y que la iglesia con una población estática, que va envejeciendo, puede volverse saludable y crecer. Sólo necesita trabajar duro, amar a la gente, ser fiel a la Biblia, y orar.

Armado con ese idealismo, comienza la vida en el ministerio a tiempo completo.

Etapa 2: confianza y emoción

Pasan un par de años, y después de una etapa inicial de luna de miel de crecimiento prometedor, la asistencia a los cultos se estabiliza o disminuye por un tiempo. Recientemente ha habido un par de sesiones de la junta en las que algunos miembros se han comportado de forma sorprendentemente poco cristiana. Un puñado de los hermanos de mayor confianza se han ido de la iglesia, algunos expresando una vaga queja de que "no reciben alimento". Otros simplemente se han alejado sin siquiera despedirse.

El joven pastor, aún idealista, comienza a darse cuenta de que se necesita más para cultivar una iglesia saludable que trabajo duro y la Palabra de Dios, así que recurre a expertos en quienes confía. Comienza a leer sus libros, a asistir a las conferencias, y tal vez busca un mentor personal.

Tiene la seguridad de que el crecimiento de la iglesia no solamente es posible, sino que es virtualmente una realidad, si agrega estas estrategias comprobadas a lo que ya está haciendo y pide ayuda para que le corrijan algunos errores que ha estado cometiendo. Confía en lo que le dicen porque ha visto los resultados visibles en las iglesias de los pastores a quienes está escuchando.

El pastor se emociona nuevamente, esta vez porque va a probar estos métodos en su propia iglesia.

Etapa 3: frustración y desilusión

Pasan algunos años más mientras experimenta con varias estrategias de crecimiento de la iglesia. Casi todas tienen algo que parece ayudar, pero ninguna de las estrategias hace para su iglesia lo que éstas han hecho por otros. Pero no se da por vencido. Está seguro de que el Señor lo guiará a la única estrategia que dará resultado para él y su iglesia. Sólo necesita tener fe y usar racionalmente esa fe.

Los miembros de la congregación quieren que su iglesia crezca y quieren apoyar a su pastor, por lo que apoyan la primera estrategia en lo emocional y económico. Cuando eso no resulta, apoyan la segunda y hasta la tercera estrategia. Sin embargo, comienzan a sentirse frustrados antes que su pastor. Algunos expresan su creciente confusión con preguntas, tales como: "Pastor, ¿por qué sigue yendo a esas conferencias y leyendo esos libros? ¿Por qué no dirige la iglesia como dice la Biblia?" Eso le parece muy ingenuo al pastor. Está más convencido que nunca de que el crecimiento de una iglesia requiere *algo* especial que aún no ha encontrado.

Pronto admite que puede haber más problemas que los de no identificar la estrategia que debe usar. *Quizás esta no sea la iglesia donde yo debo estar*, se pregunta. Si estos sentimientos persisten, puede desanimarse tanto que llegue a renunciar y a mudarse a una nueva iglesia. Pero el ciclo simplemente comienza de nuevo en la nueva ciudad.

Sigue la desilusión y comienza a cuestionar si tal vez hay algún problema más profundo. Esta es la primera vez que el pastor "ya no tan joven" considera que puede haber malentendido la voluntad de Dios para su vida. Después de todo, tal vez no haya sido llamado al ministerio pastoral.

Mira a su alrededor y ve a muchos de sus compañeros pastores que tienen éxito, tanto dentro como fuera del ministerio pastoral. *Ese debería ser yo*, se lamenta en silencio.

Etapa 4: enojo y aislamiento

Después de que los siguientes miembros de la iglesia se van, el pastor, ahora molesto, se enoja. Qu*é importa que se vayan*, se dice, y casi les dice esto a los que se van.

Todavía lee ocasionalmente un libro sobre crecimiento de la iglesia y va a las conferencias acostumbradas; pero ahora es más por costumbre que con cualquier expectativa. Evita las reuniones de compañerismo que solían llamarle la atención porque no quiere hablar sobre la iglesia. Luego, un día, le miente a otro pastor cuando éste le pregunta cómo le está yendo a su iglesia. Le dice a su colega que su iglesia tiene éxito en cierto ministerio, uno que no han hecho por un año, y le hace creer que la iglesia es el doble del tamaño que realmente es. Simplemente no puede soportar otra mirada de compasión o escuchar a una persona más que trate de alentarlo con frases edificantes, como: "No te preocupes, todo está en manos de Dios. Va a cambiar. Estaré orando por ti."

Cuando escucha testimonios de cómo otras iglesias están creciendo, ya no se siente alentado o entusiasmado sobre cuántas personas están siendo tocadas por el evangelio. Está celoso de que no esté pasando en su iglesia. Los informes del progreso de otras iglesias le causan más frustración, enojo y depresión.

Al llegar a este punto, trata de pedir ayuda a un amigo pastor o a uno de los directivos de su denominación. Lo escuchan con un oído comprensivo, prometen orar por él, y le dicen que llame si en algo pueden apoyarlo. Después de esa primera reunión, nunca vuelve a saber de ellos.

Aislado, amargado y enojado, la soledad se vuelve tóxica.

Etapa 5: agotamiento y resignación

Años de esfuerzos fallidos ahora lo están afectando en la iglesia y en el hogar. Ya no tiene vida de oración, aumentan su problemas económicos, las discusiones con su esposa han reemplazado las relaciones sexuales, y les grita a los niños como no solía hacerlo. No han tenido vacaciones en años. Motivado por la culpa, en vez de pasión por el ministerio, ni siquiera se permite tomar un fin de semana libre.

Las viejas tentaciones, en las que no ha pensado durante años, comienzan a molestarlo. Son sutiles al principio. No hay nada malo en tomar una o dos cervezas para relajarse o en echar un vistazo rápido a una chica bonita en línea, se dice a sí mismo. Es un alivio de presión, eso es todo.

Con más problemas económicos, usa algunos fondos de la iglesia para cubrir las facturas personales del mes, diciendo que los devolverá cuando reciba su próximo cheque de pago. La verdad es que sólo es un adelanto de sueldo. Después de hacerlo la primera vez, es más fácil hacerlo la próxima. Toma de los fondos de la iglesia con mayor frecuencia, cambiando algunas cifras en los libros de caja de la iglesia para cubrir sus "préstamos" hasta que pueda devolver el dinero. Estas conductas lo vuelven reservado en todo lo que hace, profundizando aún más su sensación de aislamiento.

Pronto se escapa de la oficina para beber una cerveza durante el día, apostar en el hipódromo, o buscar una relación inapropiada con una mujer igualmente solitaria y vulnerable, que le ofrece más simpatía que su desanimada y ocupada esposa. Aun aprovecha su percibida posición de autoridad moral para decirle que esto es lo que Dios quiere que hagan.

Si le parece que esto es demasiado dramático; lamentablemente, no lo es. Cuando yo estaba pasando por mi propia batalla contra el enojo y la depresión, llamé por teléfono a un consejero de ayuda ministerial gratuita establecida por nuestra denominación. Lo primero que hizo el consejero fue hacerme una serie de aproximadamente veinte preguntas, que incluían entre otras: ¿Estás bebiendo mucho? ¿Miras pornografía? ¿Estás apostando? ¿Consumes drogas? ¿Tienes relaciones con otras mujeres? ¿Tienes relación con otros hombres? ¿Has robado dinero de la iglesia?

Cuando respondí verazmente con un "no" a todas las preguntas, me preguntó:

–Entonces, ¿por qué me llamas?"

–Llamo porque necesito ayuda –le dije–. Estoy en un estado emocional desastroso. Me preocupa que si no recibo ayuda pronto, uno de esos podría ser mi próximo paso.

Me aseguró que estaría bien, si obtuviera la ayuda que necesitaba.

Cuando le pregunté cómo podía estar tan seguro de eso, me dijo que era el primer pastor que lo había llamado que no había respondido con "sí" a por lo menos una de esas preguntas.

Esta es la etapa en que los pastores suelen dejar por siempre el ministerio. Por una o más de varias razones. Algunos son descubiertos en su pecado por su iglesia o su esposa. Otros simplemente se van y encuentran empleo fuera de la iglesia. Algunos son despedidos por la iglesia por no hacer bien su trabajo. Otros se van con un mujer, o con un hombre.

Muchos de los que se quedan en su iglesia, lo hacen solamente por necesidad económica. No pueden encontrar otra iglesia para pastorear y no tienen ninguna profesión secular. Cuando es así, el pastor y la iglesia a menudo pasan años simplemente cumpliendo con el programa. Él se resigna a una vida de mediocridad, la inercia se instala, y muere el verdadero ministerio.

Suele ser en este estado que los demás observan la iglesia pequeña, con el pastor que obviamente se ha dado por vencido, y dicen cosas, como: "¡Es típico! Con razón la iglesia es pequeña. El pastor ni siquiera se está esforzando."

Pero las razones nunca son tan simples como parecen.

Etapa 6: redefinición y satisfacción

Sin nada que perder, y ningún lado a donde acudir, el pastor puede revertir esta tendencia, si por fin hace las dos cosas necesarias para salir de este ciclo descendente. Tiene que ser sincero consigo mismo y con quienes lo aman, y tiene que pedir ayuda.

Si ha superado la etapa previa sin causar demasiado daño, a sí mismo y a los demás, su salud emocional y espiritual, así como su ministerio, pueden ser restaurados en dos o tres años. Si el pecado y su posterior daño son graves, la restauración llevará mucho más tiempo y no vendrá sin pérdidas y dolor. En situaciones duras, tal vez nunca más haya ministerio a tiempo completo.

El pastor que no ha caído en grave pecado, y finalmente está dispuesto a buscar ayuda basada en la Biblia, a través de un consejero o mentor, por lo general puede comenzar el cambio rápidamente. Siempre implica una redefinición de lo que significa tener éxito en el ministerio. Es difícil abandonar los viejos conceptos; pero cuando los suelta, se dará cuenta de que eran una carga.

Entonces, como es lógico, descubre que su *nueva* definición del éxito en el ministerio es muy similar a una *muy vieja* definición del éxito en el ministerio.

Aprende a dejar de preocuparse por la cantidad de asientos vacíos que hay y comienza a amar a los hermanos que están en la iglesia, y no sólo porque es su descripción de trabajo. Se vuelve verdaderamente agradecido a ellos y a Dios porque la oportunidad de servir no le fue cerrada para siempre. La iglesia responde a esta renovada esperanza y el pastor comienza a sentirse menos solo. Juntos comienzan a sentir una pasión renovada por expresar el amor de Cristo a los que no están en la iglesia. Pronto, comienzan a verse nuevos rostros.

La amargura y el enojo no desaparecen de la noche a la mañana, y algunos hermanos siguen yéndose de la iglesia con las mismas viejas excusas; pero ya no siente el aguijón personal del fracaso como solía hacerlo. Dado que la culpabilidad ha sido eliminada como su principal motivación para el ministerio, el pastor comienza a tomar ocasionalmente fines de semana libre con la familia. La iglesia sigue de lo más bien cuando él no está, y en lugar de sentirse amenazado por esto, se siente aliviado. Sanar las heridas que le ha causado a su esposa no es fácil; pero con ayuda, oración y trabajo duro la situación comienza a mejorar.

Después de algunos años en esta nueva etapa de la vida, el pastor comienza a darse cuenta de algo que no ha sentido por un tiempo. ¡Realmente está feliz! Él se siente satisfecho con lo que es y lo que ha sido llamado a hacer en el cuerpo de Cristo. Ha descubierto quién *ha sido* llamado a ser al abandonar lo que *no ha sido* llamado a ser.

La alegría es mayor y la carga es más ligera.

Etapa 7: satisfacción y efectividad

El pastor se siente renacer. Su primer amor es restaurado.

Nunca más volverá a ser ese pastor joven e idealista, pero por fin está cumpliendo sus verdaderos y más profundos ideales. La obra del ministerio se vuelve menos tensa, y más alegre y satisfactoria. Como resultado, hace las cosas con más efectividad. Aun está dispuesto a intentar nuevas formas de ministerio. No para mantenerse al día con las tendencias, sino porque el ministerio a veces requiere de cierto pensamiento original.

Ya no desea las cosas que solía pensar que eran indispensables. Multitudes más grandes, elogios de sus compañeros, y la reputación de ser innovador de tendencias ya no son su enfoque. En cambio, encuentra más profundidad en la Palabra de Dios y nuevas alegrías en las amistades (*¡verdaderas amistades!*) dentro de la iglesia. Llega a conocer a sus vecinos inconversos, no por un sentido del deber, sino por un deseo sincero de conocerlos y amarlos.

Pronto, hermanos de la iglesia y otras personas que él nunca pensó que estarían interesadas en cosas espirituales, comienzan a sentirse atraídos hacia él. Más y más, cara a cara que en grupos organizados. Hay algo acerca de él que atrae a las personas, porque sienten que pueden aprender de él. La gente usa palabras como *sincero* y *accesibles* cuando se refieren a él. Pasa más tiempo conversando y menos tiempo en conferencias y seminarios.

Entonces, un día, llega una joven pareja a la iglesia. Se han comprometido al asistir a un seminario local y sienten un llamado a dedicarse al ministerio pastoral cuando se gradúen. Quieren aprender y ayudar, y han oído decir que este podría ser un gran lugar para ganar experiencia práctica durante su capacitación académica y explorar nuevas ideas en un ambiente de aceptación. El pastor sonríe e invita a la pareja a su oficina. Sentados en el sofá, se ve en sus ojos una mirada de anticipación y emoción. Al tomar asiento frente a ellos, el pastor respira profundamente.

¿Qué es eso? Ah, sí.

Es ese olor a auto nuevo.

Capítulo 13

¿Qué quieren y necesitan los pastores de iglesias pequeñas?

La guerra no declarada del territorio de una iglesia pequeña y del de una grande ha durado lo suficiente. Las bajas están en todas partes. Es hora de una tregua.

No somos enemigos. Ni siquiera debemos competir. Así que debemos dejar de actuar como si estuviéramos en competencia.

Si usted es pastor de una iglesia grande, necesita saber que los pastores de iglesias pequeñas necesitan su ayuda. Pero no somos casos de caridad. Usted también necesitas nuestra ayuda.

Más que otra cosa, los pastores de iglesias pequeñas quisiéramos oír y ver más evidencia de lo que hay en el corazón de nuestros compañeros en el ministerio. Queremos saber que le importamos a Dios, a nuestras comunidades, a la iglesia como un todo, a nuestras denominaciones, y al reino de Dios.

He aquí tres formas sencillas en que nos puede mostrar que estamos trabajando juntos en la gran obra de Dios.

1. Una evaluación sincera de la tarea

He notado dos tendencias opuestas pero igualmente problemáticas de algunos pastores de mega-iglesias y maestros que enseñan sobre crecimiento de la iglesia, y es la forma en que explican cómo edificar una iglesia grande y cómo construyeron la suya.

Llamaré a la primera tendencia, el enfoque de "no tengo idea de cómo pasó", mientras que la otra tendencia es el enfoque de "esto es exactamente cómo hacerlo". Lo que ambas tendencias tienen en común es que dan la impresión de que el crecimiento de la iglesia es más fácil de lo que es.

El enfoque de "no tengo idea de cómo pasó" implica la tendencia a minimizar la cantidad de trabajo duro y las habilidades únicas que se necesitan para edificar una iglesia grande. Rob Bell hizo esto, involuntariamente, creo, en su libro *Velvet Elvis.* Cómo él lo refiere, comenzaron la iglesia pensando: "si trece personas se unieran con nosotros, y eso fuera todo lo que jamás tuviéramos, estaría bien"[1]. No tengo dudas de que lo decía en serio. Luego vino el primer domingo, y ... ¡aparecieron más de 1.000 personas! En uno o dos meses aumentó la cantidad a más de 2.000, y en seis meses superó los 4.000.

Cuatro mil nuevos asistentes a la iglesia en seis meses es increíble; es un crecimiento asombroso, casi sin precedentes. Pero cada pastor que lee la historia de Bell sabe que ese crecimiento explosivo no fue tan fácil ni sorpresivo. Algo no se incluyó en el relato.

Por ejemplo, cuando se presentaron 1.000 personas el primer domingo, no hay mención de que no hubo lugar para ellos en el edificio. Si se esperaba que pudieran llegar trece personas, ¿por qué alquilar un local con capacidad para más de mil? Alguien estaba esperando algo. Y ellos estaban preparados para ello. Me alegra que estuvieran preparados.

Pastores de mega-iglesias, sé que intentan ser humildes, pero eso no ayuda al pastor de una iglesia pequeña. Es difícil para nosotros cuando leemos o escuchamos relatos de que su iglesia creció de la noche a la mañana simplemente porque "todo lo que nos importaba era tratar de enseñar y vivir cómo lo hizo Jesús"[2]. ¡Eso es lo que *nosotros* también *estamos* haciendo! Pero no está produciendo crecimiento en nuestras iglesias. Así que deben estar haciendo algo más que eso.

Sean sinceros con nosotros. Cuéntennos sobre su arduo trabajo, el conjunto de dones únicos, los trescientos diezmadores de la iglesia madre que los acompañaron para abrir la nueva obra, los miembros del equipo ministerial que tuvieron fortalezas donde ustedes eran débiles, el público ya adquirido de sus días en una banda de rock local, etc.

La combinación de habilidades, dones, circunstancias, sabiduría, trabajo, unción, llamado, y el tiempo de Dios que se requieren para que una iglesia crezca a un tamaño grande o mega es simplemente asombroso. Y esa es al menos una razón de que hay tan pocas iglesias grandes y tantas pequeñas.

El segundo método de enseñanza del pastor de una mega-iglesia es el enfoque de "esto es exactamente cómo hacerlo". En lugar de restarle importancia a la combinación de dones requeridos, este método exagera la probabilidad de que cualquiera puede establecer una iglesia y hacerla crecer grande si sólo sigue cierto conjunto de pautas.

Así que leemos los libros y asistimos a los seminarios, luego volvemos a casa entusiasmados por el esperado crecimiento de la iglesia que ahora vamos a tener, sólo para quedar más desanimados que nunca cuando no pasa lo "inevitable". Entonces nos preguntamos: si esta técnica funcionó para el pastor que la enseñó y para todos los otros pastores que subieron a la plataforma a dar sus testimonios de crecimiento de la iglesia, *¿cuál es mi problema*?

¿La respuesta? Probablemente no haya problema.

Mi padre pastoreó durante 45 años, principalmente en iglesias medianas y grandes. Su respuesta al dilema del síndrome de lo que resulta para usted pero no para mí es: "Dios no vende franquicias". En otras palabras, la iglesia no es como *McDonald's*. No se puede llevar los mismos sistemas de un lugar, y "enchufarlos y reproducirlos" en otro.

Dios tiene la tendencia importuna de hacer las cosas a su manera, no como nosotros. Si bien los principios de su forma de obrar nunca cambian, los métodos y los resultados son siempre diferentes en cada lugar y para cada iglesia y pastor.

No hay una solución única de crecimiento para todas las iglesias.

Cuando los pastores de la mega-iglesia y los maestros de crecimiento de la iglesia dan a entender que edificar una iglesia grande es tan sencillo que cualquiera puede hacerlo o que es tan misterioso que no saben por qué les pasó, nos dejan a los demás a oscuras.

El resultado final es el siguiente: edificar una mega-iglesia es un trabajo duro, así como formar un equipo de fútbol ganador de un mundial o edificar una compañía de empresarios súper exitosos. La combinación de dones requerida para hacerlo es extremadamente rara. Todos los libros y seminarios del mundo no cambiarán los dones de una persona. Ninguna cantidad de oración, pasión, planificación o gran enseñanza bíblica transformarán a una iglesia que debe ser pequeña en una mega-iglesia. O a un pastor de una iglesia pequeña en un pionero de mega-iglesia.

Pastores de mega-iglesias, no humillante que nos digan cómo lo hicieron. Cuando nos cuenten su testimonio, dígannos cómo pasó realmente el crecimiento de su iglesia, incluidos los momentos irrepetibles de la mano de Dios. Si saben cómo pasaron ciertas cosas, cuéntennos. Si hubo cosas totalmente inesperadas, inclúyanlas en su testimonio. Al menos entonces, cuando veamos la singularidad de cada situación, podremos comenzar a admitir que el crecimiento a mega-iglesia no es para todas las iglesias.

El mega crecimiento siempre ha sido para un porcentaje muy pequeño de iglesias y pastores. ¿Podemos todos admitirlo y aceptarlo?

2. Reconozcamos nuestras luchas

Si bien no hay dos iglesias iguales, también entre las iglesias pequeñas, hay algunas luchas que tienen casi todas las iglesias pequeñas, y rara vez oigo hablar de ellas. He aquí dos de ellas:

<u>Baja representación</u>

Los pastores de iglesias pequeñas tienden a luchar solos. Muchos de nosotros no podemos darnos el lujo de asistir a conferencias para aprender nuevas ideas y reunirnos con otros pastores para obtener apoyo moral. Muchas denominaciones ofrecen alguna ayuda a los pastores de una iglesia pequeña que necesitan estas conferencias, pero otras no dan ninguna ayuda. De modo que las conferencias tienen una gran representación de iglesias grandes y baja representación de las más pequeñas.

Esta fue una de las premisas de otro libro de Malcolm Gladwell, *Outliers.* En este libro, observa un estudio canadiense bien documentado que muestra que los niños nacidos en enero tienden a obtener mejores calificaciones y anotar más goles en los deportes que los nacidos más adelante en el año. La razón, deduce él, es que los niños de escuela primaria que nacieron justo después de la fecha límite para el año escolar (enero) son siempre un año mayores que los niños que nacieron justamente antes (diciembre), teniendo así un año completo de ventajas mentales y físicas.

Los niños de enero no son naturalmente más brillantes y físicamente más capaces que los niños nacidos en noviembre y diciembre. Solamente son un año mayores. En la escuela primaria, un año es mucho.

El sistema escolar no ve eso, por lo cual a los niños nacidos en enero se los califica como dotados, mientras que a los de diciembre se les llama lentos. Una vez establecidas, esas categorías son difíciles de romper. A los niños superdotados se los matricula en clases avanzadas, aumentando así el ritmo de su educación y abriendo la brecha entre ellos y los niños de diciembre.

Los niños de enero, más grandes en tamaño, son reclutados por mejores equipos deportivos, luego mejores escuelas secundarias y universidades. Es por eso, que, como indica el libro de Gladwell, las ligas deportivas profesionales, y las ligas de hockey en particular, tienen un porcentaje mucho más alto de atletas que nacieron en los primeros tres meses del año y un porcentaje mucho más bajo de los nacidos en diciembre.

Curiosamente, Gladwell llama a este fenómeno *El efecto de Mateo, a* partir de las palabras de Jesús en Mateo 25: "Porque a todo el que tiene, se le dará más, y tendrá en abundancia. Al que no tiene se le quitará hasta lo que tiene" (v.29).[3]

El efecto de Mateo puede estar pasando en la iglesia. Una vez que su iglesia ha sido calificada como pequeña en una cultura que considera que ser una iglesia pequeña es un problema, es difícil librarse de ello. Por tanto, cuanto más tiempo permanece pequeña una iglesia, tanto más probable es que quede pequeña. Los seminarios pastorales, por su propia naturaleza, atraen a los pastores de las iglesias más grandes porque ellos pueden pagar las tarifas de inscripción y no tienen que pedir permiso de un trabajo secular para estar allí. El pastor de la iglesia pequeña sufre bajo *El efecto de Mateo.* Si se encuentra un año atrasado, especialmente desde el principio, es probable que se quede allí.

Para el pastor que también tiene otro trabajo es aún más difícil. Rara vez estos pastores pueden ir a conferencias, jugar al golf, o incluso tomar una taza de café con un amigo pastor. Pasan la semana trabajando en la ocupación secular y los fines de semana en la iglesia. Aunque alguien subsidiara el costo de la conferencia, no pueden permitirse varios días libres de su trabajo remunerado, más el costo del combustible para el viaje, la comida y el alojamiento. La conferencia lo dejará sin días de vacaciones, acortando nuevamente este año el tiempo que puede pasar con la familia.

La necesidad de descansar

Cuando yo me agoté y tuve necesidad de descanso, tuve la bendición de tener una iglesia tan cariñosa y estable que me permitió una licencia de cuarenta días para que obtuviera el muy necesario descanso para la recuperación.

Cada vez que les digo a otros pastores que salí de la iglesia por cuarenta días, normalmente oigo una de dos reacciones, ambas basadas en el temor.

Primera reacción: "¡Nunca podría hacer eso! ¡La iglesia se iría abajo si me ausentara por cuarenta días!"

Segunda reacción: "¡Nunca podría hacer eso! ¿Y si descubrieran que pueden dirigir la iglesia sin mí?"

Cuarenta días. ¿Están realmente la mayoría de las iglesias a sólo cuarenta días de irse abajo o de reemplazar a su pastor?

Luego voy a seminarios pastorales y escucho lo importante que es tomar descanso de la iglesia por varias semanas cada año, y varios meses sabáticos por lo menos cada cinco años, más o menos. Estoy de acuerdo, especialmente después de mis experiencias con el agotamiento. Esos tiempos de descanso son esenciales para la efectividad y la longevidad en el ministerio.

Hay pastores de mega-iglesias que enseñan que parte de la razón de su éxito en el ministerio es que toman aproximadamente cuarenta días anualmente para refrigerio espiritual, para renovar la visión y para escribir sermones para el próximo año. Recomiendan que otros hagan lo mismo.

Lo recomiendo también. Pero cuarenta días libres para descansar o preparar sermones es un sueño ridículo para la mayoría de los pastores. Cuando algunos de ellos leen o escuchan tal consejo, su reacción es a menudo sentir aún más desencanto, resentimiento y desconexión de sus compañeros pastores.

No digo nada de esto para quejarme, y si suena mezquino me disculpo. Presento estos temas aquí porque nunca he escuchado que se hable de ellos en ningún lugar fuera de una conversación privada ocasional cuando pastores de iglesias pequeñas se reúnen.

Susurramos esto el uno al otro.

Es hora de decirlo en alta voz.

No podemos arreglar lo que no admitimos.

3. Reconozcamos nuestras necesidades y contribuciones únicas

Así como cada testimonio de crecimiento de la iglesia es único, también lo es cada iglesia pequeña. Pero, aunque cada iglesia tiene elementos distintivos, también podemos aprender principios comunes. Por eso leemos libros y vamos a seminarios.

Eche un vistazo a quiénes son los oradores en los seminarios de liderazgo de la iglesia. En serio, ahora mismo, vaya a la internet y busque casi cualquier conferencia o seminario de ministerio pastoral. En la biografía del pastor que dirige el seminario, lo primero que se menciona es casi siempre el tamaño de la iglesia que pastorea y, por lo general, la rapidez con que llegó a ese tamaño. Si el orador no es pastor o evangelista de una mega-iglesia, será alguien que ha investigado o escrito sobre mega-iglesias. Ya es hora de que alguien les diga a los organizadores de estas conferencias que ubicar tales estadísticas en un lugar tan prominente puede desalentar a tantos pastores de iglesias pequeñas como a quienes alientan.

¿Puede alguien recordar la última vez que se le pidió a un pastor de una iglesia pequeña que enseñe en uno de estos seminarios, sobre los principios únicos para dirigir una iglesia pequeña? ¿O cuándo se invitó a uno de estos pastores a formar parte de un panel con pastores de diferentes tamaños de iglesias para que hablen sobre cómo podemos trabajar juntos?

Los pastores de iglesias grandes enseñan en los seminarios y escriben los libros. Ciertamente, algunos de los principios de pastorear una iglesia pequeña se superponen con los de pastorear una iglesia grande, y sí, necesitamos saber cómo pasar de una etapa de crecimiento numérico a otra. Pero casi todos los principios de las mega-iglesias son exclusivos de estas iglesias y nunca se aplicarán a la iglesia que pastoreo. Y no siempre es fácil descubrir cuál es cuál.

Como pastor de una iglesia pequeña, necesito que otro pastor de iglesia pequeña me enseñe principios que pueden ayudarme a hacer mejor mi trabajo.

Los pastores de mega-iglesias no me enseñan a pastorear una iglesia, sino enseñan cómo pastorear una mega-iglesia. Esto es comprensible, porque eso es lo que saben hacer. Pero deben comprender que cuando hablan sobre la mega-iglesia lo hacen en el idioma de un segmento muy pequeño del público. Alguien tiene que hacer el arduo trabajo de descubrir a algunos buenos pastores de iglesias pequeñas para que al menos uno de ellos, o un panel de pastores, hagan presentaciones o sean parte de las discusiones en los seminarios de liderazgo pastoral.

No espero que los pastores de iglesias pequeñas sean los principales oradores en estas conferencias. Si voy a pagar un buen precio para asistir, es porque vi el rostro de Craig Groeschel en el volante, no el pastor Carlos Desconocido de La Primera Iglesia Pequeña en Quiensabedonde. Como ya hemos mencionado, la mayoría de los pastores de una iglesia pequeña de todos modos no pueden asistir a los seminarios. Pero debemos comenzar a prestar más atención a estos problemas de lo que hemos estado haciendo. Cualquier revitalización del cuerpo de Cristo requerirá que todos participen y que cada miembro del cuerpo contribuya al todo.

Estos cambios de actitud no tendrán lugar de la noche a la mañana, pero quisiera dar una idea para una chispa que podría comenzar algo muy especial.

Capítulo 14

Solamente una ciudad

Imagine una ciudad de un millón de habitantes.

Las iglesias en esa ciudad podrían dividirse como sigue:

- 4 mega-iglesias con un promedio de asistencia de 5.000, haciendo un total de 20.000
- 15 iglesias grandes con un promedio de asistencia de 1.000, haciendo un total de 15.000
- 40 iglesias medianas con un promedio de asistencia de 500, haciendo un total de 20.000
- 100 iglesias semi pequeñas con un promedio de asistencia de 250, haciendo un total de 25.000
- 500 iglesias pequeñas con un promedio de asistencia de 100, haciendo un total de 50.000
- 500 casa-iglesias con un promedio de asistencia de 15, haciendo un total de 7.500
- Esto hace una asistencia total de 137.500

¿Cuál tamaño de iglesia es el *más* esencial para esta ciudad?

¿Cuál es el *menos* esencial?

Debe ser obvio ahora que las necesitamos a todas.

Necesitamos a todas las iglesias operando de la mejor manera posible en un espíritu cooperativo de mutua ayuda y aprecio. Cualquier otra cosa nunca ayudará a la iglesia a salir de su lugar estático como una subsección en su mayoría olvidada de la vida de la ciudad en general, aislada de cualquier sentido de conexión con las necesidades de la ciudad, por no decir el uno del otro.

Dividir y conquistar. Es una estrategia primaria de batalla. Puede que no haya una estrategia más eficaz que se usa hoy en contra de la iglesia. La tragedia es que las heridas son totalmente autoinfligidas.

No espero que los principios que acaba de leer sean anunciados en ciudades de todo el mundo como algo de renacimiento global. Pero tengo un pensamiento...

¿Y si sólo una ciudad decidiera hacerlo?

No tiene que ser una ciudad de un millón. Sólo es un buen número para usar como ejemplo. Podría ser un suburbio, una comunidad agrícola, o una gran metrópoli. ¿Qué cree usted que podría hacer Dios por medio de una ciudad cuyos pastores e iglesias decidieran que por fin dejarían de lado su territorialismo, sus mezquinos celos, y sus prejuicios denominacionales?

¿Y si...?

¿Y si en lugar de despreciar nuestras diferencias o ignorarlas, comenzáramos a celebrarlas? ¿Y si comenzáramos a usar los beneficios de éstas?

¿Y si los pastores de iglesias pequeñas comenzaran a nombrar el mito del saltamontes por la mentira que es y comenzaran a aceptar la verdad? La verdad de que su iglesia *en su tamaño actual* es exactamente lo que Dios quiere que sea. Algunas mantendrán ese tamaño, otras crecerán; pero...

¿Y si tomaran a pecho el estímulo del apóstol Pablo, y pudieran decir de todo corazón: "He aprendido a estar satisfecho en cualquier situación..."?[1] ¿No resultaría tal "piedad con contentamiento" en "gran ganancia"[2] para el reino de Dios?

¿Y si todos los pastores de esta ciudad decidieran dejar de hablar de lo grande que es su iglesia o si dejaran de quejarse por ser tan pequeñas y decidieran encontrar y hacer la voluntad de Dios para su tamaño específico, en su ciudad, barrio, vecindario o edificio de apartamentos?

¿Y si las mega-iglesias tuvieran seminarios gratuitos con plenarias dirigidas específicamente para ayudar a las iglesias pequeñas y medianas a obtener las herramientas que necesitan?

¿Y si las iglesias pequeñas tuvieran una lista de los grupos de ayuda ofrecidos en las iglesias grandes cercanas, para recuperación, asesoramiento, estudio bíblico semanal, y otros, para que los hermanos que asisten a sus iglesias los fines de semana, pero necesiten ministerio durante la semana que la iglesia pequeña no está equipada para proveer, pudieran ir a una de esas otras iglesias en busca de ayuda, sin sentido de culpa?

¿Y si las iglesias grandes se dieran cuenta de que tienen cosas que aprender y bendiciones que recibir de las iglesias pequeñas? Recuperar la intimidad y dejar de lado cierta institucionalización podría ser un buen comienzo.

¿Y si los pastores de iglesias de todos los tamaños sintieran la libertad de recibir beneficio personal de los ministerios de otras iglesias locales cuando necesitaran el sustento espiritual ellos mismos?

¿Y si iglesias grandes estuvieran abiertas para ayudar a los pastores de iglesias pequeñas cuando estuvieran enfermos o agotados, o si simplemente necesitaran unas vacaciones, haciendo cosas como ofrecer la ayuda de uno de sus pastores para predicar en un servicio de fin de semana, sin costo, con la promesa de no hacer proselitismo?

¿Y si este tipo de amor cristiano práctico, de una iglesia a otra, tal como Cristo nos ama, comenzara a ser notorio en una ciudad donde no se ven muchas relaciones de amor sincero? ¿No sería esa una mejor forma de que nos vieran como seguidores de Cristo, que una campaña publicitaria en toda la ciudad?[3]

¿Y si hubiera **solamente una ciudad** en el mundo que hiciera esto?

Sé que este pensamiento es idealista e ingenuo.

Pero, ¿qué tal si no lo *es*?

¿Y si al menos *probáramos* esto?

¿Y si comenzara con *su* ciudad?

¿Y si comenzara con *usted*?

¿No complacerían a Dios esos esfuerzos?

Y si estuviera complacido...

¿Y si diera *resultado?*

Estas iglesias podrían cambiar a esa ciudad.

Y esa ciudad cambiaría al mundo.

Capítulo 15

Conviértase en ex-saltamontes

Ahora, ¿qué?

Espero que haya sido inspirado y desafiado por Dios para dar una nueva mirada a su iglesia y su ministerio.

Pero, ¿cómo implementamos estos principios y pasamos de saltamontes a ex-saltamontes?

Después de todo, le he dicho muchas cosas. Más de treinta años de fracasos y éxitos, de aprendizaje y crecimiento, de desafiantes presunciones y enfoque en nuevas posibilidades. Y todavía tengo toda una vida de aprendizaje por delante.

¿No sería bueno si pudiéramos tomar todo esto y convertirlo en pasos factibles? No una hoja de ruta para el resto de la vida, por supuesto, pero ¿uno o dos puntos de partida?

Esto es lo que Dios hizo por los hebreos. Después de sus involuntarios cuarenta años de vida de saltamontes finalmente estaban listos para conquistar la tierra, por lo que Dios les dio un primer paso. Literalmente. Marchen alrededor de Jericó, les dijo. Después háganlo de nuevo al día siguiente. Y al siguiente.

Quisiera darle cuatro pasos iniciales que me ayudaron. Reconocerá la esencia de cada uno por lo que ha leído en las páginas anteriores.

No están necesariamente en el mejor orden para usted. Ni siquiera están en el orden en que los hice. El cuarto paso fue el primero para mí. Pero están en orden lógico, y no en orden cronológico. Probablemente terminará usando más de uno a la vez, por lo que sugiero que comience por el que le parece más fácil.

Si está listo para pasar de saltamontes a ex-saltamontes, la buena noticia es que no tiene por qué pasar solo por las puertas. Al menos no todavía. Tal vez nunca.

Por ahora, echemos un vistazo a algunos importantes primeros pasos alrededor de las murallas de Jericó.

Paso 1: sea totalmente sincero

No hay estrategia para la libertad. No hay programa. No hay atajos.

Sólo la verdad.

Es la única forma de liberarse del mito del saltamontes. Como siempre, Jesús lo dijo mejor.

> "*Si se mantienen fieles a mis enseñanzas, serán realmente mis discípulos; y conocerán la verdad, y la verdad los hará libres.*" *Juan 8:31,32*

Manténgase fiel a las enseñanzas de Jesús. Crea lo que dice acerca de usted, de su ministerio, de su pasado y de su futuro.

Conozca la verdad.

La libertad comienza aquí.

Sea sincero con Dios

A veces me pregunto si hemos aprendido algo desde que Adán y Eva entretejieron hojas de higuera y se escondieron entre los árboles.[1] Todavía pasamos demasiado de nuestra vida poniéndonos ropa de domingo para encontrarnos con Dios, pero corremos a escondernos cuando aparece porque sabemos que lo que tenemos puesto no cubre nada que importe.

Necesitamos estar libres de hojas de higuera ante un Dios santo. Acostúmbrese a invertir tiempo con Él de nuevo. Reactive esa largamente inactiva vida de oración. Vuelva a tener sed por la Palabra de Dios en vez de acudir a ella sólo para preparar sus sermones.

Es hora de enamorarse nuevamente de Jesús.

Irónicamente, al escondernos de Dios, nos estamos escondiendo del único que sabe más sobre nosotros de lo que sabemos de nosotros mismos. De Aquel que nos ama de todas maneras. Si la sinceridad no comienza aquí, no puede haber sinceridad en ningún lado.

Sea sincero consigo mismo

El autoengaño es céntrico en el mito del saltamontes. Si aún se siente como un saltamontes, admítalo a Dios y a sí mismo. No es falta de fe confesar la verdad.

Luego mire la verdad más grande. ¿Qué es más cierto, que se siente como un saltamontes, o que Dios dice que no es un saltamontes?

Sea sincero con su "familia"

Pongo "familia" entre comillas, porque podría ser su familia biológica o su familia emocional y espiritual, o una combinación de ambas. Para algunos, no se superponen.

Las personas más cercanas a usted probablemente ya sepan la mayoría de las verdades que ha intentado ocultar. Es posible que hayan estado tratando de decírselas durante años. Los secretos que cree que serán un golpe para ellos tal vez sean recibidos con asentimiento de alivio al ver que por fin los reconoce.

Sea sincero con su equipo de ministerio

No conozco su equipo de ministerio. Quizá no sienta confianza para abrirles su corazón. Muchos no pueden abrirse al liderazgo de su iglesia como describí en el Capítulo 2. Aún no, al menos. Es posible que no estén listos para manejar ciertas verdades. Y puede ser que usted no esté dispuesto a decírselas.

¿Recuerda el Capítulo 2, en que le conté lo emocionado que me ponía después de leer libros acerca del ministerio? Por favor, no haga eso con este libro. No vaya a decirle a la junta o al personal que un libro llamado *El mito del saltamontes* es la respuesta para su iglesia. Pueden pensar que se ha hecho miembro de una secta. Además, no es la respuesta. Sólo Jesús lo es.

No... (no puedo creer que esté escribiendo esto...). *No* vaya a comprar diez ejemplares para que su equipo de liderazgo lo lea, hasta que usted esté absolutamente seguro de que están preparados para escuchar lo que dice.

Deje que obre en su espíritu por un tiempo. Tal vez vuelva a leerlo. Lentamente y en oración esta vez.

Si su equipo ministerial no está preparado para discutir esto todavía, no hay problema. Usted tampoco estuvo preparado por mucho tiempo. Por ahora, salte unos párrafos y descubra qué significa compartir lo que se está gestando en su espíritu con algunas personas que lo entiendan.

Después de que haya meditado por un tiempo en el contenido y comience a hacerse parte de su vida (*ahora* puedo decirlo...) *vaya* a comprar ejemplares para sus líderes. Programe un sábado para hablar sobre el contenido, después que lo hayan leído. O dedique un par de meses para repasarlo, capítulo por capítulo, una noche por semana. Para eso son las preguntas de estudio.

Mientras tanto, como dije, no conozco a su equipo de liderazgo, así que no puedo decirle qué es seguro que les diga.

Pero sí sé esto. Deje de mentirles. Ahora.

Deje de fingir que tiene las respuestas cuando no las tiene. Deje de gastar energía poniendo un frente falso. Deje de decir "Dios me dijo" cuando no lo hizo. Todos éstos son solamente hojas de higuera.

Puede llevar tiempo llegar a *toda* la verdad, pero nunca llegará a ella si no comienza con *la verdad y nada más que la verdad*. Con la ayuda de Dios.

Sea sincero con alguien que pueda ayudarle

En el Capítulo 2 le conté sobre mis visitas a un consejero. Si su saltamontes no le ha atacado tan profundamente como el mío, es posible que no necesite ayuda profesional. Si le ha atacado más profundamente, es posible que necesite más ayuda. Mucha más.

Si necesita ayuda, búsquela. Puede haber algunos buenos consejeros locales que brinden ayuda de forma gratuita o a un precio reducido. Si no, puede haber fondos para asesoramiento mediante su denominación. Si tiene que pagarlo de su propio bolsillo, ¡*hágalo!* El costo de no obtener la ayuda que necesita es mucho mayor que el dinero que gastará.

El siguiente punto debiera ser obvio, pero lo diré de todos modos.

Asegúrese por completo que el terapeuta o consejero sea cristiano, creyente en la Biblia, que usa las verdades de las Escrituras como el fundamento inquebrantable de su práctica. No solamente pregunte por su asistencia a la iglesia o busque un título de seminario en la pared. Se trata de su mente, su espíritu, su ministerio y su vida. No los confíes a nadie que no confíe su mente, su espíritu, su ministerio y su vida a Jesucristo.

Sea sincero con las personas que lo entienden

Se trata de conexión, empatía, objetivos comunes y visiones. Tiene que ver con personas que dicen lo que siempre hemos sentido, aun antes de saber que las sentíamos. Es poder decir las mismas cosas mientras nos estimulamos unos a otros a mejorar las cosas.

Encontrar a personas que "lo entienden" no significa necesariamente que lo *entienden a usted*. Después de todo, es posible que usted no se haya entendido por mucho tiempo.

Comience a buscar pastores en su ciudad o denominación que hayan tenido experiencias útiles en el ministerio. No los que tienen todos los éxitos y todas las respuestas. Ya ha intentado eso. En cambio, busque personas que hayan tenido luchas comunes. Busque un pastor de la Etapa Siete (del Capítulo 12, *La vida emocional del pastor de una iglesia pequeña*) y derrame su corazón.

O busque personas que hayan leído este libro. Al menos tendrán eso en común. Platiquen sobre lo que les gustó y lo que no les gustó, y lo que cada uno piensa hacer a continuación.

Paso 2: determina quién NO es

Mate al saltamontes.

Entierre su cadáver muerto y podrido en lo profundo de una tumba sin marcar del desierto, al otro extremo del Jordán.

Pero sepa esto. Es una pequeña bestia terca. No morirá fácilmente. No puede deshacerse de ella por mero deseo ni por oración. Aunque la oración es parte esencial de esto.

La vida no va adonde usted *quiere* que vaya, va adonde le *dice* que vaya. Y le dice hacia dónde ir con cada decisión que tome, grande o pequeña.

Deje de tomar decisiones de saltamontes. Deje de vivir a la defensa. Diga "no" a decir que no.

Su mayor problema en el ministerio y en la vida no es que cometa un error, sino que lo consuma el *temor* a cometer un error. Eso es lo que les pasó a los diez espías hebreos infieles. Los gigantes y las murallas que vieron ellos no eran más grandes que lo que vieron Josué y Caleb. Sus mayores problemas no eran externos, sino internos. No podían ver que ya no eran esclavos.

Es uno de los dichos más antiguos de la historia. Es más fácil sacar a la gente de Egipto que sacar a Egipto de la gente. Ahí es donde comenzó el mito del saltamontes.

Empecé a descubrir quién no soy el día que le dije a mi equipo de ministerio: "Tenemos que dejar de pensar como una iglesia grande." Todavía no sabía quién *era*. Sin embargo, la eliminación de la carga de quién yo *no era* fue una de las experiencias más liberadoras de mi vida.

Si aún no está seguro de quién *es*, no hay problema. Empiece por declarar quién *no* es.

Paso 3: descubra quién es

Es hora de redefinir el éxito; de aceptar quién es y dónde está.

¿Es pastor de una iglesia pequeña? Dígalo.

En serio. Ahora mismo. Supere los sentimientos incómodos y *dígalo*.

"Me llamo _________________, y soy pastor de una iglesia pequeña."

Si ha mirado la contracubierta de este libro ha visto una foto mía con una etiqueta hacia la cámara. La declaración: “Hola, me llamo Karl y soy pastor de una iglesia pequeña” está en la etiqueta. No es coincidencia, es también el título del primer capítulo.

Esa foto no es acerca de mí. Se trata de todos nosotros. Es una declaración de que usted y yo no somos saltamontes.

Somos pastores de iglesias pequeñas, no porque nos haya ido mal en ser pastores de una iglesia grande, sino porque esto es lo que Dios nos llamó a hacer y para lo cual nos ha dotado.

Quisiera que se una conmigo en hacer esa declaración.

A veces *descubrimos* quiénes somos solamente después de *declarar* quiénes somos.

Lo cual nos lleva a...

Paso 4: comience a HACERLO, sea lo que sea

Es mucho más fácil educar a un hacedor que activar a un pensador.[2] *Andy Stanley*

Hacer algo bien es más importante que no hacer nada mal.[3]
Erwin MacManus

A veces el secreto de hacer las cosas es solamente hacerlas.[4]
Oliver Burkeman

Usted es un pensador y un lector. Yo también.

Eso es bueno. Las cosas que no comienzan con pensamiento y lectura generalmente no comienzan bien. También he descubierto que cualquier cosa que termina con pensamiento y lectura termina antes de que comience.

Llega un momento en que tiene que dejar el libro, dejar de pensar, hablar y planificar, y empezar a hacerlo. Nunca tendrá todos los pasos planeados con anticipación. A veces no tendrá el primer paso planeado. Láncese de todos modos.

El agua del Jordán no dejó de correr hasta que los sacerdotes se mojaron los pies. A veces tenemos que ahogar al saltamontes.

Hacer algo es aterrador. Nos pone al frente del público. Requiere de fe; verdadera fe, práctica y arriesgada.

Hay momentos en que nos sentimos especialmente valientes e inteligentes. La próxima vez que se sienta así, aunque sea un poco, comience a escribir. Escriba sus sueños, sus metas, sus ideas, los pasos de acción, todo. Derrame su corazón en una página en blanco.

Entonces, la próxima vez que no se sienta valiente e inteligente, no deje que eso lo paralice. Repase la lista.

Por ejemplo, el título de este libro fue un gran riesgo para mí. Revisé decenas de títulos antes de llegar en éste. Todos los demás eran más seguros y tenían más sentido. En cierto momento, casi todos los títulos de los capítulos eran un posible título del libro.

Un día me sentí especialmente valiente e inteligente, así que empecé a escribir nuevas ideas. Me pregunté, no cuál sería el debido título, sino ¿cuál sería el título de un libro ministerial que quisiera leer?

Por razones que ni siquiera recuerdo, la mención de saltamontes en el libro de Números seguía apareciendo. Descargué una imagen de un saltamontes en mi computadora portátil y empecé a hacer experimentos de cómo podría verse en la portada de un libro. Luego empecé e pensar en títulos con lo de saltamontes. Cuando puse *El mito del saltamontes* en la portada, me gustó.

Entonces comenzó a asustarme. Valiente e inteligente repentinamente habían desaparecido.

Pensé en este título por un tiempo antes de mencionarlo a nadie. Quería volver a los títulos anteriores, más seguros.

Luego hice algo esencial. Tomé prestado algo de ánimo. Hablé con algunos amigos valientes. Resultó que les encantó, saltamontes y todo.

Todos sabemos quiénes son nuestros amigos valientes y quiénes son los seguros. Necesitamos ambos en nuestra vida. A veces nos toca hablar con nuestros amigos seguros, cuando estamos considerando casarnos después de sólo tres citas, por ejemplo. Luego, hay momentos en que necesitamos hablar con nuestros amigos valientes. No los necios, no los que nos empujan a hacer cosas necias.

Nunca escuche a los que le empujan.

Escuche a los que saben sacarlo de apuros.

Escuche a los que le conocen y lo aman, a los que ven lo mejor y más valiente en usted. Los que salen a defenderlo de forma admirable. Los que no tienen temor a cometer un error. Los que le atraen a que vaya con ellos.

Los que empujan nos obligan a ir en contra de nuestra voluntad a lugares adónde ellos nunca irían; luego nos dejan solos, expuestos y desnudos.

Los que saben sacarnos de apuros nos llevan adonde están yendo. Aprovechan nuestro deseo de aventura y alegría que Dios nos ha dado. Luego nos acompañan en el camino.

Si no tiene a esa clase de personas en su vida, le animo a que encuentre algunos. Empiece con otros ex-saltamontes.

El fin del mito

Un libro no puede llevarlo adonde necesita ir. No importa cuántas veces lo lea, lo vuelva a leer, lo estudie, lo comente o incluso enseñe a otros los principios que ha aprendido; no cambiarán su vida o ministerio, ni un poco. Tiene que hacer las cosas.

Tiene que comenzar.

En algún lugar y en algún momento, tiene que dar ese primer paso.

Su "algún lugar" está aquí.

Su "algún momento" es ahora.

Usted no es un saltamontes.

Y eso no es un mito.

Guía de estudio

El mito del saltamontes tiene como fin llevarnos a la acción. A veces, el punto de partida para esa acción es un estudio significativo.

Se incluye esta guía, capítulo por capítulo, para ayudarle a poner en marcha el estudio y la reflexión. Las preguntas en esta guía pueden ayudar a los lectores a revisar y evaluar sus respuestas personales a los problemas planteados. Algunos pueden usarlas para iniciar la reflexión personal y un renovado compromiso en oración.

Use esta guía de la manera que resulte mejor para usted.

Páginas introductorias

¿Alguna vez ha sentido los síntomas del mito del saltamontes en su propio ministerio? ¿Lo siente ahora? ¿Cómo se siente ahora de haber recibido un diagnóstico?

¿Qué situaciones ha permitido entrar en su vida que lo hacen sentir como un saltamontes en el ministerio? ¿Qué va a hacer para dejar de creer esa mentira?

1. ¡Hola, me llamo Karl, y soy pastor de una iglesia pequeña!

¿Alguna vez ha sentido como que ha fracasado en el ministerio? Si es así, ¿dónde comenzó para usted el mito del saltamontes? ¿Qué hizo al sentir esa sensación de fracaso? ¿Qué no hizo?

¿Qué significa para usted la cita de Eleanor Roosevelt: "Nadie puede hacerte sentir inferior sin tu consentimiento"? ¿Alguna vez le ha dado ese consentimiento a alguien?

¿Ha sido alguna vez una tentación para usted buscar "gente en los asientos y dólares en la ofrenda"?

¿Está de acuerdo o no con esta declaración: "Este impulso hacia números mayores e iglesias más grandes probablemente ha resultado en un mayor desgaste pastoral que en iglesias sanas y en crecimiento"? ¿Por qué?

¿Cree que hay un tamaño óptimo para cada iglesia, en el que probablemente dejen de crecer numéricamente y necesiten encontrar otras formas de crecer? Si es así, ¿cómo sería eso para su iglesia?

¿Qué piensa sobre la diferencia entre una iglesia saludable y una salutífera?

¿Por qué muchas personas deciden asistir a iglesias pequeñas, aun cuando hay iglesias grandes cerca?

2. Cómo el intento de edificar una iglesia grande casi me mata, y también a la iglesia que pastoreo

¿Cómo llegó a conocer a Cristo? ¿Cómo esto influye en su forma de ministerio?

¿Ha tenido alguna experiencia con las enseñanzas del movimiento de crecimiento de la iglesia? ¿Cómo eran éstas?

¿Qué ha tenido que desaprender sobre cómo hacer el ministerio? ¿Qué necesita desaprender aún?

¿Cuál ha sido su mayor error estratégico en el ministerio?

¿Alguna vez ha pasado por valles emocionales o espirituales en el ministerio? ¿Qué los causó y cómo los superó?

¿Alguna vez ha sentido que Dios lo ha defraudado? ¿Cómo combatió con esto?

El autor fue concedido mucha gracia del equipo de liderazgo de su iglesia cuando admitió sus faltas. ¿Ha sido esto su experiencia? Si es así, ¿qué significó para usted? Si no, ¿qué efecto tuvo en su vida?

¿Alguna vez ha lastimado a alguien en el ministerio? ¿Ha buscado perdón y reconciliación? Si es así, ¿cómo le fue? Si no, ¿qué lo detiene?

¿Alguna vez ha tenido que "redefinir el éxito"? Si es así, ¿cómo resultó eso? ¿Tiene que hacerlo en su ministerio actual? Si es así, ¿qué pasos tomará para hacerlo?

¿Alguna vez ha experimentado la abrumadora alegría de que otra persona le ha concedido gracia? ¿Cómo fue para usted esa experiencia?

¿Alguna vez ha tenido malos hábitos emocionales o espirituales, que después de superados han intentado regresar? ¿Cómo lo combatió?

3. Deje de pensar como una iglesia grande

¿Puede relacionarse con la declaración: "No fui llamado a administrar sistemas. Dios me llamó a pastorear gente"? Su estilo de ministerio y sus dones, ¿se inclinan más hacia ranchero o pastor? ¿Cuál de estos necesita ser para su iglesia en este momento?

¿Está de acuerdo con el autor en que muchos de los métodos que hemos usado en la iglesia en el último medio siglo pueden haber provenido de principios militares e industriales más que de las Escrituras?

Si usted es pastor, ¿alguna vez ha sentido la necesidad de justificar sus decisiones de ser un pastor que cuida su rebaño en lugar de ser un ranchero administrativo? ¿O viceversa?

¿Cree que los pastores de mega-iglesias tienen una carga única que llevar?

¿Alguna vez ha considerado los diferentes estilos y métodos de ministerio que se necesitan para iglesias de diferentes tamaños? ¿En qué clase de iglesia está ministrando y qué adaptaciones a su estilo ministerial podría ser necesario que haga?

¿Por qué cree que se ha escrito tanto sobre las casa-iglesias y las mega-iglesias, pero muy poco sobre la gran mayoría de iglesias que se encuentran en un lugar intermedio? ¿Ha leído otros libros útiles sobre iglesias pequeñas?

4. No desprecie el tamaño

¿Alguna vez ha sentido menosprecio porque su iglesia es pequeña? ¿Cuán responsable es usted por alimentar esos sentimientos?

¿Alguna vez ha tenido actitudes no bíblicas hacia las iglesias grandes y sus pastores? ¿Es esto algo que necesita corregir? Si es así, ¿cómo?

¿Puede una iglesia pequeña ser una gran iglesia? ¿Alguna vez ha considerado esa posibilidad? Si no, ¿por qué no?

Estar de acuerdo con el tamaño pequeño de una iglesia, ¿será una excusa para conformarse con la mediocridad? Si es así, ¿por qué? Si no, ¿por qué no?

¿Qué piensa de la idea de que las iglesias pequeñas realizan algunas de las funciones en el cuerpo de Cristo que los grupos de hogar cumplen en las iglesias grandes?

El autor afirma: "Muchas iglesias pequeñas no son muy buenas, y por eso son pequeñas". ¿Está de acuerdo o no? ¿Aceptará el desafío del autor de descubrir y corregir las formas en que su iglesia quizá no esté haciendo todo lo que pudiera hacer?

5. Por qué necesitamos iglesias de todo tamaño

¿Qué piensa de la parábola que compara los estilos de *IKEA* y *Starbucks*? ¿Cree que los pastores han cometido ese error en su percepción de las iglesias pequeñas?

Como pastor, ¿alguna vez ha sido culpable de decir a alguien cuán importantes son sus dones, mientras que ha restado valor a sus propios dones, o a los de su iglesia?

¿Cuánto del valor como iglesia pequeña proviene de ser "participante en el proceso, no un cliente"?

"Una de las razones de que las personas van a iglesias pequeñas es que su tamaño les permite participar más personalmente en lo que pasa. Saben que importan." ¿Está de acuerdo? Si es así, ¿qué puede hacer su iglesia para que las personas sientan aún más que importan?

6. ¿Qué de malo tiene el crecimiento de la iglesia?

¿Está de acuerdo con la afirmación del autor de que muchas iglesias están "orientadas al crecimiento, no a la salud"? ¿Qué hay de su iglesia?

¿Alguna vez ha sido culpable de presumir que es un problema que una iglesia sea pequeña? ¿De dónde cree que proviene esa presunción?

¿Qué cambiaría en su iglesia y su ministerio si siguiera el consejo de Vuela con tus fuerzas y comenzará a concentrarse en hacer lo que hace bien en lugar de enfocarse en arreglar lo que no hace bien?

¿Cuánto tiempo hace desde que pensó en dónde encaja su iglesia dentro de todo el cuerpo de Cristo? ¿Qué significaría volver a descubrir ese lugar?

"Dejemos de discutir sobre qué tamaño es *mejor,* y empecemos a ver lo mejor de cada tamaño." ¿Qué significaría esto para usted y su iglesia?

7. Solamente en una iglesia pequeña

¿Qué tan importante es para los hermanos de su iglesia tener acceso al pastor? Si es pastor, ¿es algo que le agrada o que le resulta problemático? ¿Tal vez un poco de ambos?

Si es pastor, ¿se identifica con el deseo del autor de ser miembro de su iglesia y no solamente su líder? ¿Puede usted hacer eso? Si no, ¿cuáles son algunos pasos que puede tomar para avanzar hacia ese fin?

¿Cree que los hermanos anhelan más, o menos, intimidad en su experiencia de adoración? ¿Qué puede hacer su iglesia pequeña para crear un ambiente que sea a la vez íntimo y responsable, como también seguro en lo emocional y lo espiritual?

"Quiero ser parte de una experiencia de adoración que requiera de mi participación en lugar de fomentar la pasividad." ¿Está de acuerdo con esto o no? ¿Qué tan bien está haciendo su iglesia en animar la participación? ¿Hay formas en que los encargados pueden colaborar para mejorarlo?

"La disponibilidad necesita un lugar de capacitación para que se convierta en habilidad." ¿Ha dispuesto su iglesia un ambiente en que los hermanos pueden aprender, cometer errores y crecer? Si no, ¿por qué no? ¿Qué necesitan hacer para cambiar esto?

¿Sabía usted que muchas revoluciones históricas se desencadenaron en iglesias pequeñas? ¿Le ayuda esto a cambiar su perspectiva sobre el impacto que puede tener una iglesia pequeña?

8. Iglesia pequeña, visión grande

Las iglesias pequeñas no tienen que ser tímidas. ¿Piensa que han sido estereotipadas de esta forma? ¿Lo ha sido su iglesia? ¿Qué significaría para su iglesia romper esa percepción?

"*Pensar en pequeño* no es lo mismo que *pensamiento limitado*. Y definitivamente no es una excusa para tener poca visión." ¿Cuál es la diferencia entre *pensar en pequeño* y *pensamiento limitado*? ¿Es ésta una distinción que puede ayudarlo a usted y a su iglesia a desarrollar una gran visión?

¿Qué significa para usted tener "piedad con contentamiento" en el ministerio?

"Dios no me llamó a pastorear *esa* iglesia. Él me ha llamado a pastorear *ésta*." ¿Es cierto en cuanto a su vida? Si es así, ¿qué implica esto para su futuro ministerio?

¿Qué puede aportar su iglesia a su comunidad, que nadie más puede hacer? Si sabe qué cosa es, ¿lo está haciendo? Si no, ¿qué puede hacer para descubrirlo?

"El temor mantiene a más iglesias en la defensa que cualquier otra cosa." ¿Está de acuerdo con esto? ¿Qué puede hacer para superar ese temor?

"Las iglesias en defensiva ponen letreros; las iglesias en ofensiva ponen rampas." ¿Qué "letreros" pone su iglesia, quizá sin darse cuenta? ¿Con qué "rampas" podrían reemplazarlos?

"Muchas iglesias pequeñas han dejado la innovación para sobrevivir: ofensa para defensa." ¿Qué significa esto para usted y su iglesia?

“Nuestro presupuesto dicta nuestra teología.” “Nuestras decisiones de promoción dictan nuestra teología.” “Nuestro horario de limpieza dicta nuestra teología.” ¿Está de acuerdo o no en que pasan estas cosas? ¿Cuáles son las implicaciones de esto para su ministerio?

¿Está de acuerdo en que las estructuras de la iglesia que tenían como fin mejorar el ministerio, a veces lo obstaculizan? ¿Es necesario que aborde ese problema en su ministerio?

¿Se relaciona con esto: “nuestro templo puede ser pequeño; pero nuestra visión, nuestro ministerio y nuestra reputación no tienen por qué serlo”? ¿Hay formas innovadoras que usted puede explorar, de usar las instalaciones o de ministrar fuera del edificio?

¿Está de acuerdo en que “adorar al Señor solamente con personas que se parecen a nosotros no es saludable ni bíblico”?

Su iglesia, ¿ha confiado más en las estrategias de “vayan por...” o “ven a ver”? ¿Necesita hacer algún ajuste en ese equilibrio?

9. Una carta abierta: a mis compañeros pastores de iglesias pequeñas

¿Ha considerado cuántas personas del mundo asisten a una iglesia pequeña cada semana? ¿Qué le dice esto sobre el valor del ministerio de una iglesia pequeña?

¿Qué beneficios han recibido usted y su iglesia de los ministerios de pastores de mega-iglesias?

¿Le gustaría apoyar a otros ministerios de iglesias pequeñas y también recibir apoyo? ¿Ha contactado a algunos ministerios para edificar o fortalecer esos vínculos?

10. Dios no pasa lista de asistencia

¿Qué cosas pueden hacer los pastores y líderes para volver a enfatizar el mensaje de que la asistencia a la iglesia es un medio para un fin, y no el enfoque principal para los cristianos?

"*¡Algunos pastores cuentan a la gente porque los pastores cuentan todo!* Eso es lo que son. Su gran interés está en los números. Así los hizo Dios..." ¿Es su interés principal los números o las personas? ¿Qué está haciendo para aprovechar esos rasgos?

Jesús nos dijo que amemos a Dios y al prójimo. Eso es todo. Si nos detuviéramos a recordar eso más a menudo, ¿cómo cambiaría la forma en que hacemos nuestro ministerio?

¿Cuán importante es reconocer que Jesús edifica su iglesia, y no nosotros? ¿Cuán alentador es darse cuenta de que la iglesia local es parte vital de una obra admirable que Jesús ha hecho, que está haciendo, y que seguirá haciendo hasta que venga?

¿Será posible que su iglesia ahora esté en su tamaño óptimo? Si no, ¿qué tamaño sería óptimo? ¿Por qué?

¿Qué piensa de la afirmación de que "no es saludable, piadoso ni útil "empujar" a una iglesia a lugares a los que Dios no le pide que vaya, para que cumpla con una norma numérica artificial o para satisfacer el ego del pastor. Aunque lo llamemos fe"?

11. Una nueva forma de definir el éxito

"Creo que debemos medir el éxito como lo hizo Jesús... Una persona a la vez. ¿Está creciendo cada persona? ¿Estamos haciendo impacto en la comunidad? Eso es lo que importa." ¿Está de acuerdo con esto o no? ¿Le preocupa dirigir así el ministerio?

¿Cuán importante es para los pastores confiar en lo que Helmut Thielicke llamó "el instinto espiritual de los hijos de Dios"[3]?

¿Cree usted que puede tener verdadero éxito en el ministerio sin grandes números para respaldarlo? Si es así, ¿hay formas de llevar la cuenta del éxito no numérico?

"Si Jesús edifica la iglesia y obtiene el mérito, debo estar tan emocionado cuando mis esfuerzos ponen a alguien en una iglesia saludable calle abajo o alrededor del mundo, como cuando viene a la iglesia que estoy pastoreando." ¿Cuán cierto es esto si fuera dicho de usted y su iglesia?

¿Qué piensa usted de la premisa del autor de que, en lugar de que buscara atraer a grandes multitudes, Jesús muchas veces trataba de evitarlas? ¿Por qué cree que Jesús hizo esto?

¿Cómo el tamaño actual de su congregación es adecuado para ministrar a la comunidad donde se encuentra?

¿Está de acuerdo, o no, con que "hay valor en el fracaso"? Si es así, ¿cuál podría ser ese valor?

¿Por qué cree que la Biblia nos da pocas pistas sobre la estructura de la iglesia local?

¿Hay maneras en que su iglesia puede aprovechar el nuevo "mundo plano" para hacer el ministerio?

12. Etapas en la vida emocional del pastor de la iglesia pequeña

Si es pastor de una iglesia pequeña, ¿en qué etapa emocional cree que se encuentra ahora?

¿Está al tanto de algunas señales de advertencia de que pudiera estar coqueteando con las trampas descritas en las etapas tres o cuatro? ¿Hay pasos que puede tomar para reducir o evitar esos peligros?

Si está en las etapas tres, cuatro o cinco, ¿hay alguien en quien puede confiar y ser sincero para recibir ayuda?

¿Alguna vez ha considerado la necesidad de redefinir el éxito en su ministerio? ¿Cómo podría ser eso para usted?

Si es un pastor de la etapa siete, ¿qué puede hacer para ayudar a los pastores que están en las etapas iniciales?

13. ¿Qué quieren y necesitan los pastores de iglesias pequeñas?

¿Alguna vez ha sentido una batalla tácita entre iglesias mega y pequeñas, entre sus ministerios y sus pastores? ¿De dónde cree que viene eso? ¿Alguna vez ha contribuido a tal lucha?

¿Alguna vez se ha sentido frustrado con el enfoque de crecimiento de la iglesia: "no tengo idea de cómo pasó" o con el enfoque: "esto es exactamente cómo hacerlo"?

¿Alguna vez se ha preguntado *lo que pasa con usted*, cuando su ministerio no le resultó como esperaba? ¿Cómo trata con esos sentimientos?

¿Cuál es su respuesta a la declaración del padre del autor de que "Dios no vende franquicias"? ¿Qué implicaciones tiene esto para su iglesia y su ministerio?

¿Es posible que usted o su iglesia sean víctimas del *efecto de Mateo?* Si es así, ¿qué puede hacer al respecto?

¿Tiene alguna idea que pudiera responder a la pregunta que planteó el autor sobre cómo permitir mayor acceso a las conferencias pastorales para pastores de iglesias pequeñas y pastores que tienen trabajo secular?

¿Cuándo fue la última vez que tomó tiempo libre del ministerio para renovación y recuperación espiritual y emocional? ¿Está dispuesto a hablar con los directivos de su iglesia sobre los pasos prácticos para que pueda hacer esto?

¿Qué clase de ayuda quisiera recibir en los seminarios pastorales y las conferencias que tratarían las necesidades específicas en una iglesia pequeña?

14. Solamente una ciudad

¿Es la descripción de tamaños de iglesias al principio de este capítulo similar a su ciudad o pueblo? ¿Qué le dice acerca del valor de las iglesias pequeñas en su comunidad?

¿Cree que Dios quiere que haya entre las iglesias de su comunidad el espíritu cooperativo que se menciona en este capítulo? Si es así, ¿qué impide que se cumpla el plan de Dios? ¿Qué papel podría estar urgiendo el Espíritu Santo que usted asuma?

¿Qué hojas de higuera ha usado para esconderse de Dios? ¿Qué hará para deshacerse de ellas?

¿Qué mentiras se ha dicho a sí mismo? ¿Está listo a creer lo que Dios dice, en lugar de lo que usted siente?

15. Conviértase en ex-saltamontes

¿Tiene una "familia" emocional o espiritual con la que puede ser sincero? Anote sus nombres. ¿Con quiénes puede hablar ahora?

¿Cuánto de esto puede contarle a su equipo de ministerio? Si no siente seguridad en hacerlo ahora, ¿qué pasos puede tomar para prepararlos de modo que sean un lugar seguro? Si no, ¿necesita pensar en reunir un equipo ministerial diferente?

¿Qué mentiras ha dicho a su equipo ministerial que necesita dejar de decir?

¿Necesita hablar con un profesional? De ser así, ¿dónde puede conseguir una lista de posibles asesores? ¿Cómo encontrará los medios para pagar por consejería?

¿Conoce a un pastor de la etapa siete con quien puede hablar?

¿Cómo matará a su saltamontes? ¿Cuáles serán los mayores problemas para lograr que quede muerto?

¿Ha sido controlada su vida por el temor a cometer un error? ¿Qué pasos debe seguir para vencer ese temor?

¿Está listo para declarar quién es? ¿Puede redefinir el éxito sin conformarse con menos?

¿Qué es más difícil para usted? ¿Pensar o leer? ¿O le es más difícil hacer? ¿Necesita buscar un mejor equilibrio entre estos?

¿Va a comenzar una lista "valiente e inteligente"?

¿Hay personas en su vida que lo ayudan a avanzar? Si no, ¿qué hará para conseguir algunas?

¿Cuál será su primer paso para convertirte en ex-saltamontes?

Notas

1. ¡Hola, me llamo Karl, y soy pastor de una iglesia pequeña!

1. "Nadie puede hacerte sentir inferior sin tu consentimiento." Aunque universalmente atribuida a Eleanor Roosevelt, no hay prueba definitiva de que alguna vez lo dijera. Sea como sea, el sentimiento de la cita es cierto.

2. "¡Al lado de ellos nos sentíamos como saltamontes...!" es una referencia a cómo se sentían los diez espías hebreos después de explorar la Tierra Prometida, en Números 13:32,33. (Todas las citas bíblicas son de la *Nueva Versi*ón *Internacional,* a menos que se indique lo contrario.)

3. "Un cuerpo con muchos miembros" (1 Corintios 12:20).

2. Cómo el intento de edificar una iglesia grande casi me mata, y también a la iglesia que pastoreo

1. C*ornerstone Christian Fellowship,* la Comunidad Cristiana Piedra Angular, que el autor pastorea.

3. Deje de pensar como una iglesia grande

1. Rick Warren en *Una Iglesia con Propósito*.

2. Después de todo, cuando Jesús comisionó a Pedro, le dijo: “apacienta mis ovejas”, no “cuida de mi rancho” (Juan 21:17).

3. El modelo de rancho nos dice que nuestro enfoque principal debe pasar de “cuidar” a “desarrollar y administrar un sistema de atención”. Carl F. George, *Cómo romper las barreras de crecimiento de la iglesia*.

4. “La gente quiere ser pastoreada, y no ser administrada espiritualmente.” A partir de una conferencia del Reverendo Bill Dogterom en la Universidad *Vanguard*, Costa Mesa, California.

5. Relato de Moisés y Jetro, en Éxodo 18.

6. “Él mismo constituyó a unos, apóstoles; a otros, profetas; a otros, evangelistas; y a otros, pastores y maestros, a fin de capacitar al pueblo de Dios para la obra de servicio, para edificar el cuerpo de Cristo” (Efesios 4:11,12).

7. Los tres ejemplos de Jesús que le dice a Pedro: “*apacienta mis ovejas*”, se encuentran en Juan 21:15-17.

8. “Necesitamos darnos *cuenta del costo*” (véanse Lucas 12:18-20; 14:28-30).

9. “Tu pastor puede ser el hombre más solitario de tu iglesia y, a menos que seas él, probablemente no tenga mucho sentido.” Mark Driscoll, 21 de mayo del 2012, Twitter.com/PastorMark

10. “*Iglesia incorporada*”, Rob Bell, *Velvet Elvis*.

4. No desprecie el tamaño

1. *"En la marca 100 ... 95 por ciento."* Carl F. George, *Cómo romper las barreras de crecimiento de la iglesia.*

2. *Mucho más de la mitad de los cristianos de todo el mundo asisten a una iglesia pequeña...* Las cifras de asistencia a la iglesia son notoriamente confusas, ya que no hay una autoridad central para tabularlas. Hay mucho implicado, incluso lo que constituye una iglesia "oficial". Cuando uso estadísticas, anoto la fuente confiable de donde provienen. Por lo demás, uso una combinación de investigación, experiencia y algunas estimaciones. Pero siempre trato de presentar números conservadores.

3. *Finalmente desistí de buscar y decidí escribirlo yo mismo...* Desde que escribí esto, he encontrado un puñado de libros específicamente destinados a ofrecer tal estímulo. Pero no lo suficiente como para negar la necesidad de éste.

4. Las "obras mayores" que Jesús prometió que haríamos (Juan 14:12).

5. "Si el pie dijera: "Como no soy mano, no soy del cuerpo", no por eso dejaría de ser parte del cuerpo" (1 Corintios 12:21,22; también 12:15,16).

6. *Los expertos le han propuesto a mi amigo...* A partir de una conversación con el reverendo Doug Petersen.

5. Por qué necesitamos iglesias de todo tamaño

1. *...85% son más pequeñas que 200.* Carl F. George, *Cómo romper las barreras de crecimiento de la iglesia.*

2. *"Edificaré mi iglesia"* (Mateo 16:18).

3. "La mitad de los congregantes asisten a iglesias en el diez por

ciento superior del tamaño de iglesias." Reggie McNeal, *The Present Future [El presente futuro].*

4. "Los que asisten a mega-iglesias son más propensos a ofrecer menos servicios voluntarios, a contribuir menos económicamente..." Las estadísticas que siguen son de la revista Enriquecimiento, invierno de 2010.

6. ¿Qué de malo tiene el crecimiento de la iglesia?

1. *"Con raras excepciones, el "crecimiento" aquí fue la canibalización de las iglesias de menor membresía por parte de estas súper-iglesias emergentes."* Reggie McNeal, *The Present Future [El presente futuro].*

2. "...aumento de la cultura de celebridad de la iglesia." Ibíd.

3. *Soar With Your Strengths [Vuela con tus fuerzas],* Donald O. Clifton y Paula Nelson.

4. "Las iglesias tienen más en común por su tamaño que por su denominación..." Lyle E. Schaller, *Activating the Passive Church [Activando la iglesia pasiva].*

7. Solamente en una iglesia pequeña

1. *La aparición de mega-iglesias o el resurgimiento de grandes catedrales se verá con gran desconfianza y temor, y con razón. Un nuevo movimiento popular de iglesias pequeñas es la única forma en que la Europa moderna percibirá una renovación del cristianismo como un movimiento espiritual genuino, en lugar de una estrategia política.* Esta no es sólo mi opinión estadounidense. Viene de múltiples conversaciones que tuve con pastores en Europa.

8. Iglesia pequeña, visión grande

1. *"Como se sabe, uno va a la guerra con el ejército que tiene. No es el ejército que uno desearía o quisiera tener en otro momento."* De "El Secretario de Defensa que tenemos" por William Kristol en *Washington Post*, 15 de diciembre del 2004, dicho por el Secretario Rumsfeld el 8 de diciembre del 2004.

2. "Cómo quisiera que la iglesia no fuera todo sobre el edificio." Dan Kimball, *They Like Jesus, but Not the Church [Les gusta Jesús, pero no la Iglesia].*

3. "...poner una Coca-Cola en manos de cada persona del mundo." El orador del seminario parafraseaba a Ernest Woodruff, quien compró *Coca-Cola* en 1919, y cuya familia la manejaría por generaciones. Se cita ampliamente a Woodruff como por haber dicho que su objetivo para la compañía era "garantizar que todos en la tierra bebieran *Coca-Cola* como su bebida preferida". Nunca fue la declaración de misión oficial de *Coca-Cola*, y no puedo confirmar que Woodruff lo haya dicho alguna vez. Lo que sí dijo con certeza, según el sitio web de *Coca Cola*, fue que durante la Segunda Guerra Mundial quería "ver que cada hombre uniformado recibiera una botella de *Coca-Cola* por 5 centavos, donde sea que esté y sea lo que le cueste a la Compañía". (http://www.thecoca-colacompany.com/heritage/chronicle_symbol_friendship.html)

4. "Vayan por todo el mundo y anuncien las buenas nuevas a toda criatura" (Marcos 16:15).

5. Busque información sobre el restaurante *Rao's* en www.raos.com.

6. "No se pregunte qué necesita el mundo. *Pregúntese qué le hace cobrar vida (y a su iglesia), y vaya a hacer eso, porque lo que el mundo necesita es más gente (e iglesias) que ha cobrado vida."* John Eldredge, citando a Gil Bailie en *Wild at Heart [Corazón salvaje]* (paréntesis mío)

7. "Haz de la iglesia un club de lectura con alma." Dan Kimball, *They*

Like Jesus, but Not the Church [Les gusta Jesús, pero no la Iglesia].

8. *"...creo que las reuniones deberían ser más pequeñas. De vez en cuando, una reunión grande es genial, pero no como la norma."* Ibíd.

9. *"¿Acaso Jesús no pasó la mayor parte de su tiempo en entornos más pequeños... allí es donde aprendieron más de Él, y no cuando estaba en las masas con las multitudes."* Ibíd.

10. *"Ven a ver"* (Juan 1:43-46).

11. "Vayan por todo el mundo y anuncien las buenas nuevas a toda criatura" (Marcos 16:15).

12. La cita de Frank Wooden proviene de un correo electrónico de él al autor.

9. Una carta abierta: a mis compañeros pastores de iglesias pequeñas

1. *Aquí le doy más números.* Sí, soy consciente de la aparente ironía. Estoy usando números grandes para validar a las iglesias pequeñas. Pero en este caso creo que los números sí importan porque no están relacionados con ciertas congregaciones, denominaciones o egos pastorales. Se trata de almas en todo el mundo. Eso siempre ha importado.

10. Dios no pasa lista de asistencia

1. Cita *"la gente cuenta"*. Rick Warren, *Una Iglesia con Propósito*.

2. *Como Rick mismo diría en su clase de discipulado, que así es su corazón.* Ibíd.

3. *"Porque donde dos o tres se reúnen en mi nombre, allí estoy yo en medio de ellos"* (Mateo 18:20).

4. *...más de cinco mil almas hambrientas...* (Mateo 14:15-21).

5. *"Y él les tiene contados a ustedes aun los cabellos de la cabeza"* (Mateo 10:30).

6. *"Los pastores y los laicos por igual quieren que su iglesia crezca. Y... ¡Dios también!"* Ted Engstrom, en el prólogo del libro *How to Break Church Growth Barriers* [Cómo romper las barreras de crecimiento de la iglesia] por Carl F. George.

7. *"Edificaré mi iglesia..."* (Mateo 16:18).

11. Una nueva forma de definir el éxito

1. *"En los Estados Unidos, los números nos impresionan. ... Medimos a las iglesias por la cantidad de miembros que se jactan de tener. ... Jesús cuestionó la autenticidad de mantener esta clase de registros."* Francis Chan, *Crazy Love [Amor apasionado].*

2. "Debemos medir el éxito no solamente por el tamaño de nuestra iglesia... sino también por la calidad del crecimiento espiritual en la vida de las personas." David Kinnaman, *UNChristian [No cristiano].*

3. *"El instinto espiritual de los hijos de Dios."* Helmut Thielicke, *A Little Exercise for Young Theologians [Un pequeño ejercicio para jóvenes teólogos].*

4. "...no toma más en serio las objeciones de la lavandera... este escepticismo de ninguna manera es ingenuo." Ibíd.

5. *"Todo árbol que no da buen fruto se corta y se arroja al fuego. Así que por sus frutos los conocerán"* (Mateo 7:19,20).

6. *...cuando Jesús maldijo a la higuera...* Mateo 21 y Marcos 11.

7. *"Edificaré mi iglesia"* (Mateo 16:18).

8. *Pero muchos que los vieron salir los reconocieron y, desde todos los poblados, corrieron por tierra hasta allá y llegaron antes que ellos* (Marcos 6:33).

9. *Jesús interrumpió la conversación y sanó al muchacho para evitar* a *la multitud que comenzaba a reunirse.* Al ver Jesús que se agolpaba mucha gente, reprendió al espíritu maligno... (Marcos 9:25)

10. "¿También ustedes quieren marcharse?" (véase Juan 6:66-68).

11. Estableció la iglesia *Saddleback* en *Lake Forest* debido a la demografía... su investigación le había demostrado... donde la población sería más móvil, creciente y joven. Rick Warren, *Una Iglesia con Propósito.*

12. *"...ambicionen los mejores dones"* (1 Corintios 12:31).

13. En concilio de Jerusalén, Hechos 15.

14. El día de Pentecostés se agregaron tres mil (Hechos 2:9-11, 41).

15. "...dos o tres" (Mateo 18:20).

16. "¿Acaso no era tuyo antes de venderlo? *Y una vez vendido, ¿no estaba el dinero en tu poder?"* (Hechos 5:4)

17. "Tomamos los últimos métodos de mercadotecnia, la última moda de gestión empresarial, y los aplicamos al ministerio... elimina cualquier conversación con Dios." John Eldredge, *Wild at Heart [Corazón salvaje].*

12. Etapas en la vida emocional del pastor de la iglesia pequeña

(sin notas)

13. ¿Qué quieren y necesitan los pastores de iglesias pequeñas?

1. "...si trece personas se unieran con nosotros, y eso fuera todo lo que jamás tuviéramos, estaría bien." Rob Bell, *Velvet Elvis.*

2. "...todo lo que nos importaba era tratar de enseñar y vivir cómo lo hizo Jesús." Ibíd.

3. "*Porque a todo el que tiene, se le dará más, y tendrá en abundancia.* Al que *no tiene se le quitará hasta lo que tiene*" (Mateo 25:29). Malcolm Gladwell, *Outliers*.

14. Solamente una ciudad

1. "*He aprendido el secreto de estar satisfecho en cualquier situación*" (Filipenses 4:12).

2. "*...gran ganancia*" (1 Timoteo 6:6).

3. ¿...relaciones de amor sincero? ¿No sería esa una mejor forma de que nos vieran como seguidores de Cristo...? (véase Juan 13:34,35).

15. Conviértase en ex-saltamontes

1. *...desde que Adán y Eva entretejieron hojas de higuera y se escondieron entre los árboles...* (véase Génesis 3:7,8).

2. "*Es mucho más fácil educar a un hacedor que activar a un pensador.*" Tweet de @Andy Stanley, 22 de agosto del 2012.

3. "*Hacer algo bien es más importante que no hacer nada mal.*" Tweet de @ErwinMcManus, 18 de agosto del 2012.

4. "*A veces el secreto de hacer las cosas es solamente hacerlas.*" Tweet de @OliverBurkeman, 10 de agosto del 2012.

Reconocimientos

Hay muchas personas para agradecer.

Ha sido abrumador intentar elaborar una lista exhaustiva. Supongo que así es cuando se trata del primer libro. Especialmente uno que me ha llevado treinta años escribir.

Entonces, en lugar de agradecer a todos y olvidar a algunos, agradeceré a unos pocos y muchísimos quedarán fuera de la lista.

Primero, gracias Jesús. Todo comienza y termina contigo. Y debido a ti nunca terminará. Al menos no todo lo bueno.

Gracias a mi familia. Shelley, Verónica, Matt y Phil. Pase lo que pase, tener un hogar para reclinar la cabeza donde nos amamos incondicionalmente, hace que incluso lo malo estén bien, y las cosas buenas son geniales. Y tú también, Sam. Bienvenido a la familia.

A Mamá y Papá, gracias. Me dieron a Karen y a Kathy, el mejor comienzo que alguien pudiera tener. Y ambos leyeron y volvieron a leer, corrigieron amorosamente mi manuscrito y me alentaron desde el borrador, y de borrador en borrador… especialmente Mamá (lo siento, Papá).

Cornerstone Christian Fellowship. ¿Qué puedo decir? En 20 años como su pastor, hemos aprendido tanto juntos que diez de estos libros no pudieran contener todo. A veces ninguno de nosotros sabía lo que estábamos haciendo; pero seguimos intentándolo. En gran medida, este libro es un tributo a ustedes, y es mi manera de contarle al mundo acerca de la increíble iglesia a la que Dios sigue dándome el privilegio de servir.

Gary García. Me has apoyado durante más de 20 años como socio en el ministerio; hemos crecido y aprendido juntos. Si más pastores tuvieran un compañero de milicia como tú, tendríamos iglesias mucho más fuertes. Me alegro de haberle dicho a la junta que te contratemos.

Muchos otros han leído y corregido el manuscrito, y me han animado durante este proceso. Estoy agradecido con todos ustedes. La lista sería muy larga si los nombraría a todos. Espero no ofender a nadie.

Gracias a todos,
Karl Vaters